"十三五"职业教育系列教材

SHISANWU ZHIYE JIAOYU XILIE JIAOCAI

建筑美术基础

（第三版）

夏万爽 雒薇嘉 编著

刘超英 主审

中国电力出版社

CHINA ELECTRIC POWER PRESS

内 容 提 要

本书为"十三五"职业教育系列教材，分素描和色彩两章，分别介绍了素描基本知识、设计素描、调子素描、室内与建筑场景写生、色彩基本知识、水粉静物写生、色彩（水粉、水彩）场景写生等内容，且有作画步骤与要点用以指导学生的写生实践，在文后还附有多幅作品范例，供学生揣摩学习。

本书既可作为高职高专和应用型本科环境艺术设计学科诸如建筑学、建筑装饰、室内设计、园林设计、城市规划、景观设计等专业的美术基础教材，又可作为从事该行业设计人员的自修参考书。

图书在版编目（CIP）数据

建筑美术基础 / 夏万爽，雒薇嘉编著. —3版. —北京：中国电力出版社，2016.3（2023.10 重印）

"十三五"职业教育规划教材

ISBN 978-7-5123-8739-3

Ⅰ. ①建⋯ Ⅱ. ①夏⋯ ②雒⋯ Ⅲ. ①建筑画－水彩画－写生画－绘画技法－高等职业教育－教材②建筑画－水粉画－写生画－绘画技法－高等职业教育－教材 Ⅳ. ①TU204

中国版本图书馆CIP数据核字(2016)第017413号

中国电力出版社出版、发行

（北京市东城区北京站西街19号　100005　http://www.cepp.sgcc.com.cn）

北京盛通印刷股份有限公司

各地新华书店经售

*

2014年1月第一版

2016年3月第三版　2023年10月北京第十二次印刷

889毫米×1194毫米　16开本　6.5印张　169千字

定价**36.00**元

前　言

随着新经济时代的到来，以及电脑技术在各个领域的广泛应用，环境艺术学科教育正在面临着前所未有的机遇和挑战。环境艺术学科教育必须从基础教学改革入手，才能不断提高学科教育的整体水平，跟上时代发展的步伐。

电脑技术在为我们的设计师提供了实现创意的无限潜能和高效率的同时，也使设计师们的"手绘"表现技巧急剧衰退，同时也带来了《建筑美术基础》教学上的浮躁、轻视和淡化的趋势，甚至出现了学生对电脑的盲目依赖性。众所周知，在"手绘"基础上所建构的美的形式和设计，具有大量的人类感性因素，"手绘"能力的培养是建立在人的直接经验和直观感受的基础之上的。这本《建筑美术基础》教材，会使学生在敏锐的观察力和艺术感受力，丰富的表达能力以及设计师所具备的严谨科学的素质诸方面得以迅速、全面的提高，它是通向设计表现的必经桥梁。

本书以环境艺术学科各类专业的职业岗位能力构成和职业综合素质为依据，以现在生源的基础水平为起点，以"实际、实用、实践"为指导思想，以"适用、适度"为标准，力争体现高职高专教育的特点，打破了以往建筑美术基础教学直接沿袭绘画艺术教学的旧模式，根据环境艺术的学科特点，遵循学生的认知规律，删除了技巧掌握困难、实用性不强的水彩静物写生等内容，将设计学科的前沿基础课程内容设计素描和颇具针对性的室内及建筑场景写生等内容与常规的调子素描及水粉静物写生等内容有机地综合在一起，整合形成了优化的《建筑美术基础》的新型课程结构。本书既可作为高职高专和应用型本科环境艺术学科诸如建筑学、建筑装饰工程技术、室内设计、园林设计、城市规划、景观设计等专业的美术基础教材，又可作为从事该行业设计人员的自修参考书。

　　本书由夏万爽负责统稿。第一章素描的理论部分和作品范例以及第二章色彩理论的部分内容，由夏万爽编著；第二章色彩理论的部分内容和作品范例，由雒薇嘉编著。由宁波工程学院的刘超英教授审阅全稿，并提出了宝贵的意见，在此谨致谢忱！此外，本教材的编写参考了有关文献和资料，选用了兄弟院校师生的一些作品，在此对有关作者表示感谢！

　　在编写过程中，由于时间仓促及水平所限，书中不妥之处在所难免，殷切希望专家和同仁及广大读者提出宝贵意见。

编著者

二〇一五年十二月

目　录

第一章 素描

第一节 基 本 知 识

一、素描的概念

素描是与色彩画相对而言的名称，是一种非常朴素的艺术形式。从广义上讲，它泛指一切以单一颜色所做的图画，如以铅笔、炭笔、钢笔、毛笔等单色工具在纸面、板面、墙面上所做的图画均可称为素描。确切地讲，素描是以单色的线或面等造型因素，对客观物象的结构及形态特征施以朴素表现的绘画形式。素描作为一种独立的造型艺术样式而存在，具有独特的审美价值。

二、素描类型和学习意义

素描作为基础训练已被列为设计造型教育必修的基础课，针对建筑类专业的特点，本书将论及两类素描:设计素描和调子素描。这里需要指出的是，无论是何种类型的素描，它们之间并没有本质的差别，都没有离开素描的基本原则，它们之间的差异在于所侧重的角度不同。

1. 设计素描

设计素描是为设计服务的，是设计师和生产者、消费者在设计初始阶段进行沟通的视觉语言，是设计师从结构、工艺、功能、审美诸方面进行整合的基础。设计素描不强调明暗和光影，主要从对象的几何结构出发，用线条在二维的平面上表现三度空间的立体组合形态，即内在形式、比例尺度和形体的穿插组合关系以及在视点移动条件下引起的结构和透视角度的变化。从这种意义上讲，设计素描重要的不是机械地模仿，而是体验;强调的不是结果，而是过程。这对训练专业设计人员在平面上表现三维形态，促进空间构

想能力，激活创造性思维无疑是最好的办法，所以它对于空间造型设计专业的基础训练更具针对性和科学性。

2. 调子素描

在现实生活中，物体的结构、体积、质地等造型要素在光照作用下才能显示出来，光影对物体造成的明暗调性变化，能帮助我们进一步推敲和表现形体的穿插组合关系和形体在不同的空间位置及材料肌理对视觉效果所产生的影响，它可以作为色彩表现依据，还可以表达我们的主观感受。实质上，调子素描是设计素描的延伸和升华，它在注重过程的同时，注重更多的是结果，它能帮助我们更为全面准确地表达设计意图，诠释设计理念，为此，对于空间造型设计专业的基础训练更具艺术性和必要性。

三、正确的观察方法

素描既可以作为造型艺术的基础训练，也可以作为一种独立的造型艺术而存在，为此造型的感受能力是非常重要的，这种感受能力在很大程度上受观察能力的制约。要提高造型的感受能力，必须从培养观察能力入手。吴冠中先生曾说过，"学美术，关键在学眼力，即观察方法。面对同一花花世界，画家和非画家的着眼点不一样。画家眼中更重视形象的整体效应，或物与物之间的相互联系、高低起伏、变化统一、呼应节奏……从中悟出美与丑的规律或因果"。法国画家德加曾说过，"素描画的不是形体，而是对形体的观察"。可见，素描作为造型艺术的主要基础训练手段，它不仅训练手的表达能力，更重要的是一种思维与观察方法的训练。

1. 整体的观察

从整体出发，是科学的观察方法的核心，它贯穿

于素描训练的始终，是素描训练的过程，也是素描训练的结果。客观物象都是由局部组成的整体，局部受到整体的制约。任何形象的根本特征，首先来自于它的全貌和整体。整体观察就是将目光掠过对象的细枝末节，排除琐碎的局部构成要素，抓取一个明确的整体印象和感受。只有做到整体观察，局部刻画才会有依据，才不会迷失在一些支离破碎的细节中，才不会出现看不出、画不准整体特征的现象，接下去的比较方法才能落到实处。画好某一个局部是比较容易的，画好整体则较困难。作为一种整体的观察方法，除了"比较"之外，我们可以把复杂的形体概括简化为几何形状去看待，尤其是在最初的描绘阶段，它能帮助我们较快地确定基本形。在写生时，可采用眯起眼睛来看或后退几步从远处去看的办法，以减弱视觉对局部细节的关注，达到把握好画面整体关系的目的。理想的整体与局部的关系应该是让局部统一和归纳于一个恰当的分寸中，服从并丰富于整体的画面效果。为达到这种状态，在实际写生中有两种情况，一种是整体着眼，整体着手，其进程为：整体——局部——整体；另一种则是整体着眼，局部入手，其进程为：局部——局部——整体。对于后者这种局部推进式的作画程序，不适于初学者，但这并不意味着观察方法也是局部的，它的每一个局部的表现分寸，仍需以整体观察来把握。

2. 联系起来观察

在一个整体形象中，局部与局部之间是相互依存、有其内在联系的，例如物象中结构、比例、透视、空间和调子等变化，都需要联系起来加以比较才能分辨出来，所谓比较就是由此及彼联系起来看。比较是全方位的，一要多方面比较，二要反复比较，三要整体比较，四贯穿于写生全过程比较。随着造型进程的推进，相互比较联系也应被不断地引向深入。这里需要说明的是，千比万比，都要与整体比。若比较时只注意与附近局部比，一部分挨着一部分比，将会差之毫厘，失之千里。在比较时要确定相对不动点，这样才能有据可依。另外还需特别指出的是，比较是训练眼力的一个过程，切勿过频地借助器具来进行比较，即使偶尔使用它，也只是用于验证。

从实践角度讲，联系起来观察是通往整体观察的桥梁，它是对整体观察的补充和深化。

3. 从本质进行观察

现象是本质的反映，不认识、不理解事物的本质，也就不可能真正理解现象，反而会被现象所迷惑，从而产生盲目性。在素描中，形体结构决定着形体的本质特征，它是对物象进行观察理解的核心内容。首先，作画前或作画过程中，要从各个角度全面完整的观察、认识和理解物象的形体结构特征，在作画过程中，采用X光的原理，用透明的眼光由表及里地去观察理解视线看不到的部分，用眼睛在心理上对形体做横竖方向的切片处理分析，把实体结构看作是切片、切线的结合体，用立体的眼光看待一切物象；观察某个面时要看到它所处的空间位置与方向，观察一处邻边时要看出它的前后空间关系，观察某个局部"点"时也要看出它的空间位置，自觉养成一种职业习惯，这样不论采用何种表现手法，都是在充分认识形象本质特征的基础上进行的，都一定是扎实而言之有物的形象。

四、基本的透视原理

透视是观察、研究客观物象在二维平面画幅上表现立体空间的直接和基本的方法，它是空间造型艺术的科学根据，也是空间造型艺术基础训练中必然要遇到和必须要解决好的课题。

（一）透视的基本概念（见图1-1）

视点：即画者眼睛所在的位置。

视域：是眼睛看出去的空间范围。

主点：也称心点，是画者眼睛正对视平线上的一点。

视中线：即视点与主点相连的线。

视角：是指眼睛看到上下、左右范围的角度。

视平线：是与眼睛等高并通过主点的线。确定视平线，可用画板或画纸水平放置于眼前，眼睛看不到

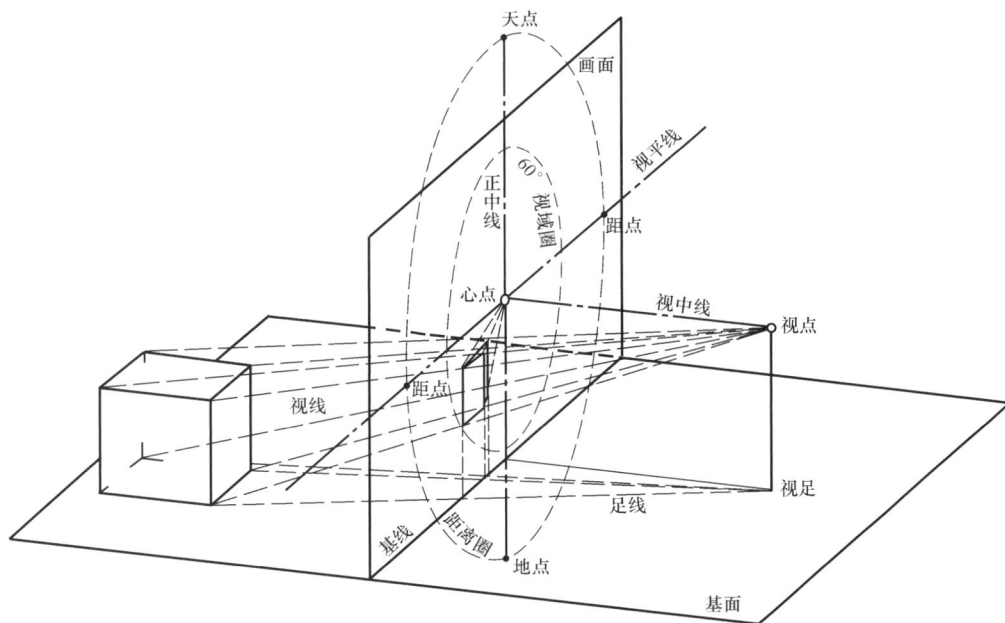

图1-1 透视的基本概念

物体上下面时其高度即视平线的高度，与远处相对的地方就是视平线。

消失点：就是与画幅边缘成角度的平行线在透视中向远方延伸，越远越接近，最后集中消失在一点，这点称为消失点。

（二）透视的基本原理

1. 平行透视（见图1-2）

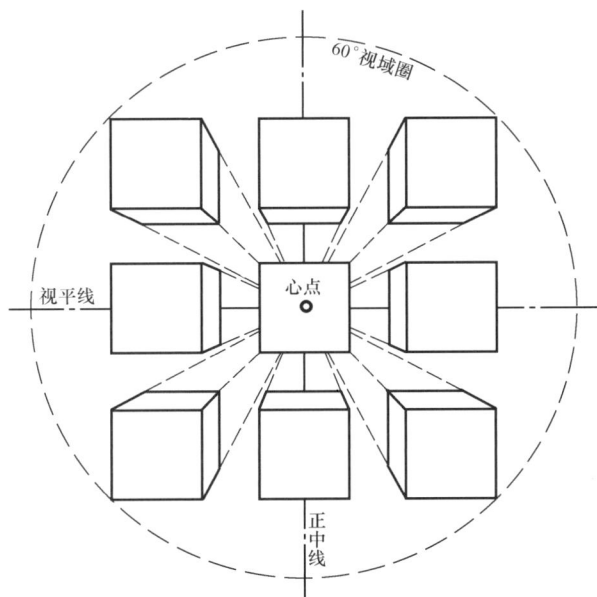

图1-2 平行透视

凡在60°的视域内的立方体的平面中存在着平行于画幅边缘的面，这种透视称为平行透视。

平行透视只有一个消失点，区别平行透视的方法，可以看所画物象距画面最近的部分，如果是一个面，这种透视就是平行透视。

2. 成角透视（见图1-3）

在60°的视域中，立方体没有一个平面与画面平行，且有一条与基面垂直的边棱距画面最近，它的左右两组水平边棱与画面成90°以外的角度，并向心点两侧延伸、消失。这种透视形式被称为成角透视。成角透视的特征是物体距画面最近是一个角，并具有两个消失点。

3. 倾斜透视（见图1-4）

方形物体倾斜透视图的特点是有三个消失点，多数存在于斜仰视与斜俯视的透视之中。

4. 立方体的倍增与分减

运用成角透视的原理，定一个空间基准体，运用交叉等分的原理，定出每个面带透视的中心线，由B点为起点经过CD棱线的中心点，与AC棱线的透视延长线交于一点，过此点作垂线与BD的延长线相交，形成倍增立方体的一个面，根据透视进行引线，便形

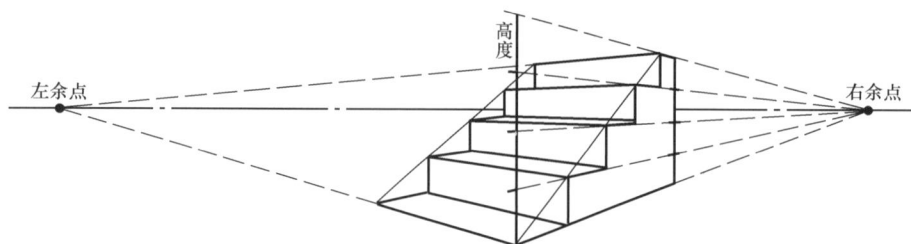

图 1-3 成角透视

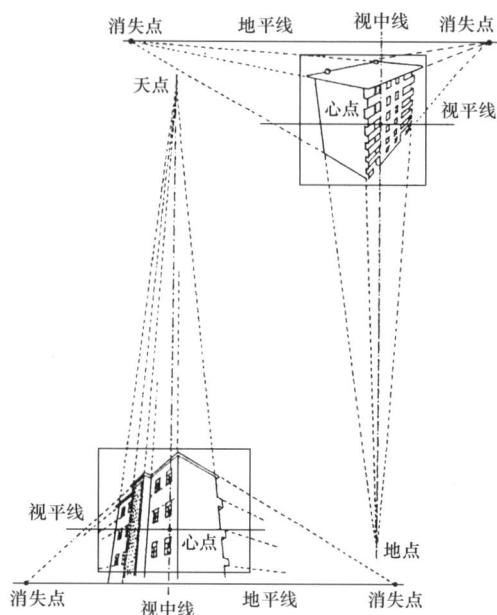

图 1-4 倾斜透视

成一个新增加的带有透视的立方体。以此理可以进行立方体无限的倍增（见图 1-5）。

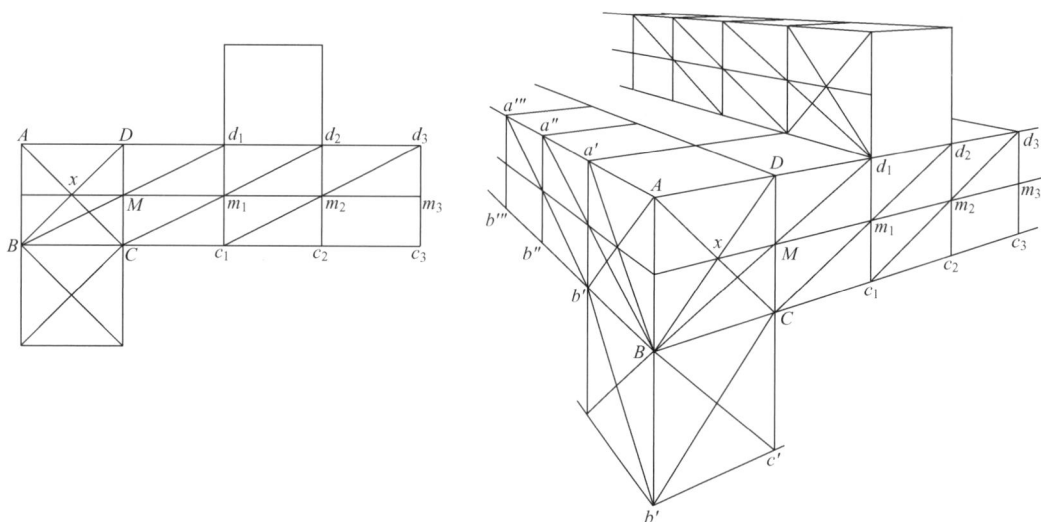

图 1-5 立方体的倍增

根据交叉线等距离交叉分割的原理，以成角透视为依据，可以根据需要在一个大立方体中，进行无限的分减（见图1-6）。

方形中米字线的相关点上通过才是合理的透视圆形。

2. 正三角形（见图1-8）

正三角形在透视状态下的表现，可依据平面上

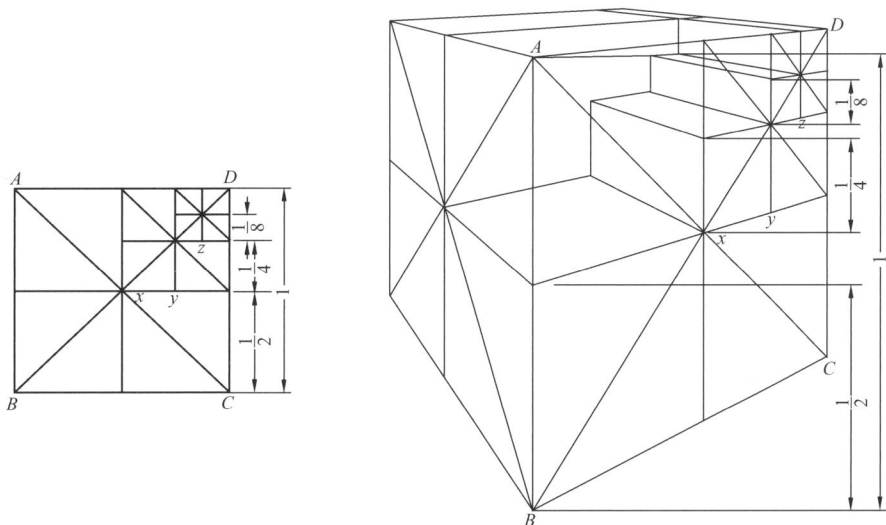

图1-6 立方体的分减

（三）正方形的形状转变

1. 圆形

圆形的透视表现，应依据正方形的透视表现方法来进行，不管在图1-7中的哪一种透视正方形内表现圆形，都应依据平面上的正方形与圆形之间的位置关系来决定。因为圆形在正方形中与四条边线的中点和十字线的末端相交，且在正方形两条对角线交点至四个角各约七分之五处相交形成正方形与圆形的关系，所以不管是怎样的透视圆形，都应在其相应的透视正

反映正三角形的方式对应地反映出来。要表现好各种透视状态下的正三角形，首先要确定正三角形外的圆形，圆形确定好之后，在一条相关的半径 *OA* 线段上 1/2 处定一个点 *E*，并通过该点作与半径 *OA* 线段垂直的一条直线，分别交于透视圆于的 *B*、*C* 两点，形成 *BC* 线段，再从 *B* 到 *D*、从 *C* 到 *D* 分别连线形成 *BD* 和 *CD* 线段，由此便形成透视面上的正三角形。

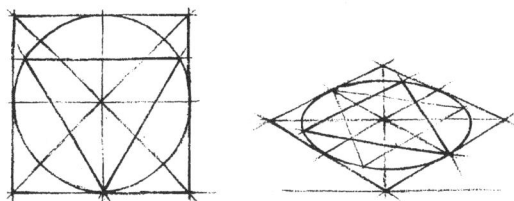

正三角形的正面透视面画法

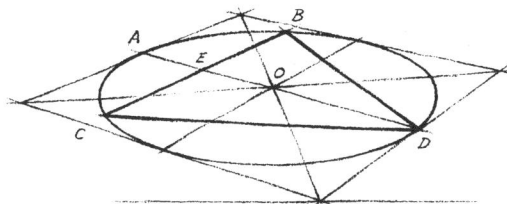

正三角形透视面画法分析

图1-8 正三角形的透视图

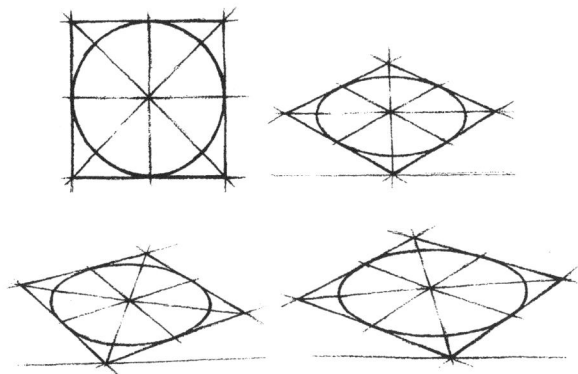

图1-7 透视正方形表现圆形

（四）立方体的形体转变

1. 锥体

（1）圆锥体。表现圆锥体的方法是先作一个透视圆形，然后通过圆心作一条垂直线，从圆心向垂直线的上方延伸至所需高度后定一个点，再通过该点到透视圆的两边作两条直线，并在圆锥面上画出四个方向的直线，形成圆锥体的坐标位置，且圆锥的轴线与透视圆的最宽处所引的直线成 90° 夹角（见图 1-9）。

（2）三棱锥体。作三棱锥体时，如果底平面是等边三角形，就可以按照前面所述的正三角形做法，先作透视圆，然后在圆内作出透视三角形，再以正三角

形的中心点垂直向上作一条直线至所需高度定一个点，通过该点分别向透视三角形的三个棱角引直线，此时形成的轮廓，即是透视三棱锥体（见图 1-10）。

（3）四棱锥体。作四棱锥体，可以采用两个方法，一个是先作透视正方形，并通过透视正方形的中心点向上引一条垂直线，再以垂直线的某一点分别向透视正方形的四个棱角处连接直线后即成；另一个方法就是先作一个透视圆，在圆内确定四边形，并过四边形的中点向上引垂直线，再以垂直线的某一点分别向四边形的四个棱角连接直线后即完成。其他多棱锥体可以参考以上两种方式的做法进行表现（见图 1-11）。

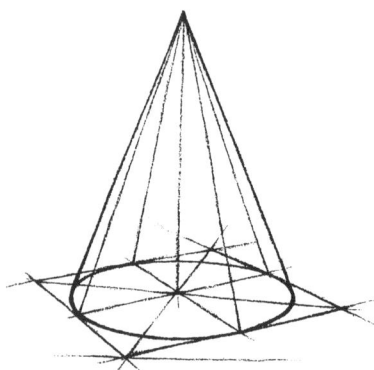

图 1-9　圆锥形

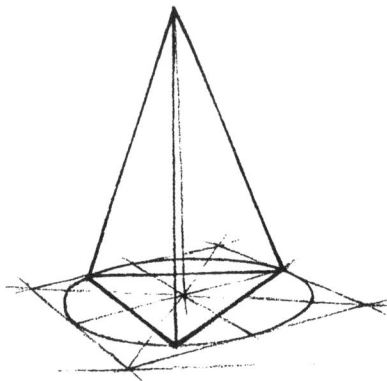

图 1-10　三棱锥体

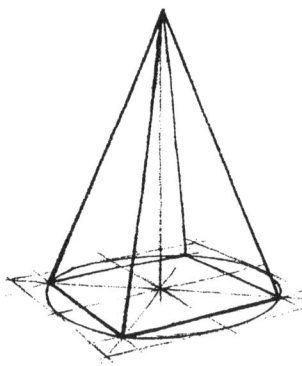

图 1-11　四棱锥体

2. 球体（见图 1-12）

表现一个标准的球体，使它能够符合透视的原理，可以在球体外作一个边长与球体直径相等的正方体来实现。方法是在一个所需透视角度的正方体内，作通过正方体中心点的三个坐标方向的透视圆形，然后沿着三个透视圆最突出的轮廓，平滑连接成一个圆形，这个圆形即是该正方体内的球体，这个球体的轮廓圆形正好与正方体内的中心点同心，三个坐标方向的透视圆即是球体表现的三个坐标位置，有了这个坐标线作为依据，就可以方便地进行球体变体的透视表现。

本节重点内容提示

（1）正确的观察方法

（2）基本的透视原理

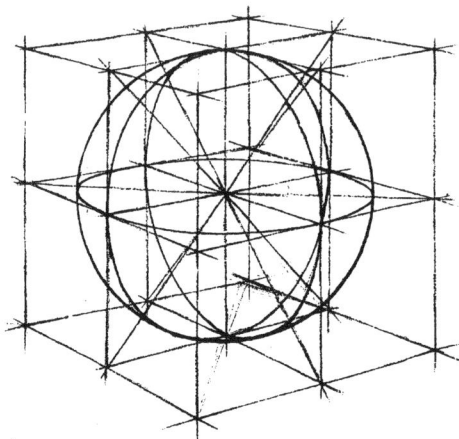

图 1-12　球体

作业

（1）结合自己画素描写生的体会，谈谈在培养正确的观察方法方面，存在哪些需要纠正之处？

（2）运用平行透视原理和成角透视原理，徒手用单线分别默写一正方体的两种相应的透视状态，并将视平线、消失点及相关辅助线等一同画出。

（3）运用正方形的形状转变原理，徒手用单线分别完成在一定透视状态下的圆形、正三角形的形状转变默写练习，其正方形和辅助线要在画面中予以保留。

（4）运用正方体的形体转变原理，徒手用单线分别完成在一定透视状态下的圆锥体、三棱锥体、四棱锥体的形体转变默写练习，其正方形和辅助线要在画面中予以保留。

第二节 设 计 素 描

一、设计素描的表现特征

设计素描，顾名思义就是表现设计形态的素描。具体地说就是以单色线为造型语言，传达设计形态、构造及空间关系的一种现代设计绘画表现形式。它有以下表现特征。

1. 便捷性

由于设计素描是单色线的表现形式，其绘画工具与材料易于准备，操作简便，适用于在有限的时间内记录设计意图，扩展思路，多出方案，提高设计效率，为此，在设计构思阶段，设计素描与其他设计绘画相比，具有方便、快捷的特点。

2. 通俗性

设计素描以其真实、直观的视觉效果，可使更多的观者理解和接受，它能形象地表现设计造型的形态、构造、功能和不同视角下的透叠关系以及空间位置的不同变化，这是工程制图难以企及的。观者可不受年龄、职业、知识结构的限制，能在更为广阔的范围内进行交流，传播设计意图。

3. 科学性

将设计方案转化为产品，必须经历生产制造这一环节，要想使设计方案科学可行，设计师就必须具备精确有效的造型能力，设计素描就是培养设计师理解和把握形体结构、构造力动关系和不同透视角度下形体结构变化规律的一种行之有效的手段。它通过由表及里的剖析表达，用凝练的线条进行理性的归纳表现，这在加强素描与设计之间有机联系的同时，也使表现方法科学合理。可以说"本质"和"准确"是设计素描的原则。

4. 创造性

设计师在具备优秀的图面表达能力的同时，还应具备与众不同的创造性思维。在设计过程中，设计师把开始处于萌芽状态的设计构思，及时地用设计素描的表现手段记录下来，留住瞬间产生的形象，并且以此为原创，从中获得启发，不断丰富想象，直到最终形成一个较为理想的设计方案。可以说，设计素描使设计师的创造性潜质得到了充分的开发，促进了创造性思维活动的深化与扩展。

二、线的表现

设计素描是排除光影的因素，用单色线条表现设计对象的，因此，线是其造型语言的基本表现形式。

在造型领域中，线可以认为是点的移动轨迹，各种各样面的边缘，体的交接。线能产生一种视觉上的联系，它是视觉艺术各因素中最为简洁的沟通方式。从研究线的造型表现意义上说，线的表现技巧对发挥线的艺术表现力起着直接的作用。

（一）线条与立体感表现

虽然设计素描是排除光影因素的线造型的表现方式，但是人们在观察对象和用线表现时，仍然受明暗关系的影响。因此，在设计素描的表现中，采用较细而淡的轻柔线条描绘形态亮部的轮廓及结构；用较粗而浓重有力的线条去描绘形态暗部的轮廓及结构。当然，要注意线造型的整体关系，否则粗细、浓淡对比变化过多，就会影响形态的表现效果，甚至会引起错觉现象的发生。

（二）线条与空间感表现

用线条表现形态的空间感，就是说将形态自身构造的前后关系，形态与背景的远近关系，通过线条的层次、疏密及搭接表现出来，从而获得形态的空间感。在用线条描绘形态时，比较粗而重且坚实的线强调对象前面的构造部位，使其具有突出感，以较细而淡且虚幻的线弱化对象后面的部位，使其具有后退感，这样形成表现对象自身与画面背景的前后、虚实的空间层次。同时，要注意发挥线条的疏密对比关系表现形态的空间感，如果表现对象前面的构造或突出的部位，需要密集的线条进行充分表现时，那么相对表现对象后面的部位就可以用稀疏的线条去概括，以构成前紧后松的线条组织形式表现空间。另外，根据空气透视原理所解释的物体空间感的形成，线条的搭接及搭接的松紧程度也是处理形态前后关系的有效方法。

（三）线条与质感表现

质感是人们对形态材质表面肌理的感受与印象，是材质经过视觉处理后产生的一种心理现象。用线条表现形态的质感是人们将视觉经验的直接感受同线条的表现效果相联系，通过浓淡、粗细、曲直的不同线条，描绘对象的柔软、坚硬、粗糙、细腻等材质的不同感觉。如用轻淡、松弛的曲线表现柔软、蓬松的质感；用浓重、肯定的直线表现坚硬、有力的质感；用粗犷、苍劲、浑厚的线条表现粗糙、亚光的质感；用精细、流畅的线条表现细腻、光滑的质感。在造型设计中，随着新材料的不断应用，对新的质感及其表现还要进一步地研究。但是单凭线条表现质感，毕竟受限制，线的质感表现对于整个造型来说，只是一种设计意念的提示，以供观者意会的象征性表达。

（四）线条与量感表现

量感是人们根据知识经验对物体的轻重、多少这些视觉信息做出的判断，是将物理量转化为心理量的过程。物体自身颜色的深浅是表现物体量感的首要因素，物体的大小、多少的变化，同样也会对物体的量感产生很大的影响。作为用单色线为造型手段的设计素描，采用不同浓淡、粗细及疏密组织的线条，就可以表现不同形态的轻重感觉。采用浓重、粗壮的线条表现具有重量感的形态，从整体上给人以稳定、庄重的心理感受；反之采用轻淡、纤细的线条表现具有轻盈感的形态，从整体上给人以轻巧、飘逸的心理感受。画面中线条的疏密关系变化，也会影响画面量感的表现，如将画面的线条组织密集，则能加强其重量感，反之亦然。

（五）线条与情感表现

在自然界中，"线"是不存在的，我们所称的"线"，实际上是一种概念，是来自对物体的概括，是一种视觉意识和视觉创造。康德曾说过："线条比色彩更具有审美性质"。情感表现，都是依赖于线条自身的丰富表现力对我们产生的知觉感受。各种不同的线在一定程度上能传达给人以某种不同的感觉和情绪，具有各自的表现力。如直线给人以肯定、刚强、单纯的感觉；曲线给人以优美、活泼、流畅、弹性、温和的感觉；竖线有庄严、肃穆的感觉；横线给人以辽阔、永恒、安宁、平静的感觉。当然线条在表达情感方面还有着极其丰富的内容，它的虚实、强弱、缓急、抑扬、顿挫、圆润、枯涩等，无不打有情感的烙印。在设计素描中，线的运用首先来自其他的感受，这样的线不造作、无伪饰，靠感受支配的线，既能巧妙地表达出形体的起伏转折、空间关系，又富有其生命力并呈现出不同的形式意味，其本身可以传达出画者的审美情趣和主观情感，具有一定的审美价值。

（六）线条与造型过程的表现

了解设计素描的作画顺序对各阶段使用的线条在造型过程中的作用，有助于我们系统地认识和掌握形体结构规律，全面准确地表现形体结构的各种变化，把握设计素描应体现的几种表现要素。

1. 辅助线

辅助线是构成形态生成的透视构架，确定形体空间位置的记号线和有参照作用的水平线、垂直线以及确定结构定点的交叉线等。有参照性、辅助性和求证性的特征。

辅助线的描绘应呈现淡而细的表象特征，与可视结构线保持明显的区别。一部分辅助线往往随着作画进程而消失，但是，一部分重要的辅助线及透视构架，仍然保留在完成的画面上，这样使画面产生浓淡虚实、层次丰富的效果，而透视辅助线本身在画面上也体现着骨架的美感。

2. 结构线

（1）不可视结构线。包括中轴线、对称线、剖切线。从某种意义上讲它们也是一种特殊的辅助线，它与辅助线的描绘效果相近，也呈现淡而浅的表现特征，与造型形态的可视结构线有着明确的区分。

1）中轴线。位于形态的中心，表示形态的轴对称关系。中轴线可以帮助人们准确地描绘形态构造在透视空间中的状态，它与辅助线交汇、贯通，对结构线的生成起到十分关键的作用。

2）对称线。位于几何体外部形态的中间（包括看不到的部分），是分析求证、说明几何体形态对称关系的依据，也可将其理解为几何形态的 1/2 剖切线。

3）剖切线。是对实体形态深层结构分段剖切断面的表现（包括看不到的部分），用于分析说明实体形态的结构关系。

（2）可视结构线。可视结构线包括相贯线和轮廓线。它是经过辅助线和不可视结构线的定位、剖析、推导后，最终落实到造型形态可视部分的结构线。为了避免出现层次上的混淆，可视结构线的描绘效果要比辅助线和不可视结构线突出一些，并运用线条自身的曲直、粗细、浓淡、虚实、疏密等来表现形态的立体感、空间感、质感、量感，以及主观感受的生动效果。

1）相贯线。两个立体型结合后形成的两个形体

公用的交界线称为相贯线，即表现两个立体形之间的榫接、楔合关系的公用结构线。相贯线所表现的结构特征，体现了组成相贯体的两个单体自身的结构特征。

2）轮廓线。是表现形态外部结构关系的转折线，同时也是形态与空间的区分线。如果随着视点在形体上的移动，这种线还会扩展还原为面。

上述线条在设计素描的表现中，既相互区别，又相互联系，可以说起着承前启后的作用。辅助线和不可视结构线的结合运用，不仅有助于完整、准确地表现形态的结构关系和空间关系，而且也能够对于在描绘过程中出现的偏差起到校正作用。

三、几何形态表现

说起形态，人们马上会联想到现实中身边存在着的各种各样的形态，这其中既有来自于自然界所赋予的自然形态，也有来自于人类本身需求所创造出来的人为形态，除此之外，形态还包括人类头脑意识中的概念性形态。几何体教具就是以石膏作为物化手段所成型的概念形态的最为直观的展现。可以说，这些概念形态是演化成现实形态的最原始的"细胞"，是主体形态创造的源泉。

几何体包括直面几何体和曲面几何体两大类型，如多面体、圆球体、圆柱体及圆锥体。由于多面体都是由多个全等的面所构成，曲面体都是在限定的几何体中以中轴旋转的方式而生成，人们容易理解和掌握它的造型和透视规律，为此，在这里不作过多的剖析。我们把重点放在了几何形态中几何形体的组合部分，目的在于了解单体形态构成原理的同时，进一步理解形体与形体之间的连接组合方式和形体与形体之间的结合关系。

形体之间结合除了关注单体本身的结构特点之外，形体与形体结合之后的交接线及结合结构形态是我们研究的重点，在分析表现几何形体的组合之前先讲清两个概念：相贯体和相贯线。

相贯体：两个主体形相结合所形成的组合体被称

为相贯体。

相贯线：两个主体形结合后形成的两个形体共有的交界线被称为相贯线。相贯线的形状反映了组成相贯体的两个单体的双重结构特征，对两个单体结合部位的表现，是组合形态表现的重点。

几何形体的组合包括直面几何体之间的组合、曲面几何体之间的组合、直面与曲面几何体组合三种类型。

（一）直面几何体之间的组合表现

以两个长六面体组合的相贯体表现为例。

首先确定长六面体在画面上的位置关系，然后沿长六面体底平面的对角线（含中轴线）分别向上引线至所需高度，并以此中轴线的 1/2 处作为横穿长六面体在该平面上的中轴点，再以此为根据，确定横穿的长六面体在该平面上的位置关系，根据这一关系，将横六面体的对角线（含中轴线）分别向相反的左右两个方向延伸至所需长度，与垂直的长六面体上的相贯线结合形成横穿的长六面体，然后将横竖两个长六面体的相关交点连接起来，形成相贯线，最后用较粗和较肯定的线描绘可视结构线，这样对由两个长六面体组合的相贯体的表现便完成了（见图 1-13）。

（二）曲面几何体之间的组合表现

以圆锥体与横穿细长圆柱体组合的相贯体表现为例。

首先按照前面透视部分中圆锥体的画法将圆锥体确定于画面上，圆锥体表现上的相关辅助线要画全，然后在底平面上将横圆柱体的投影图形画好，并向上垂直引线至所需位置，通过圆锥体轴线的一点确定横圆柱体的轴线位置，然后向左右延长轴线与底平面向上引垂直线形成两个交点，确定出横圆柱体的轴线长度，完成两侧的透视圆形并连线形成横圆柱体的轮廓，再画出横圆柱体的辅助线，然后根据圆锥体与横圆柱体的辅助线的交点，连接结合部位的线形，形成相贯线，最后加重强调可视结构线即完成（见图1-14）。

（三）直面与曲面几何体的组合表现

以正六面体与横穿长圆柱体组合的相贯体表现为例。

首先画好正六面体，然后在正六面体底平面的对角线处向两个方向延伸，定出圆柱体轴线及轮廓线在底平面上的对应位置，然后向上引线至应处的位置，将透视图做好并完成长圆柱体，再根据圆柱体表面的上下左右四条线与正六面体相关线的位置关系定点并连接圆柱体与正六面积相交处的相贯线。最后对可视结构线进行强调加重即完成（见图 1-15）。

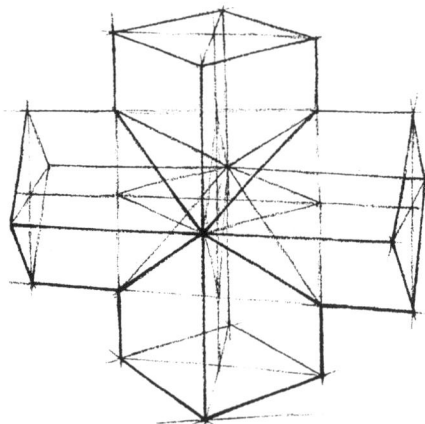

图 1-13　两个长方六面体组合

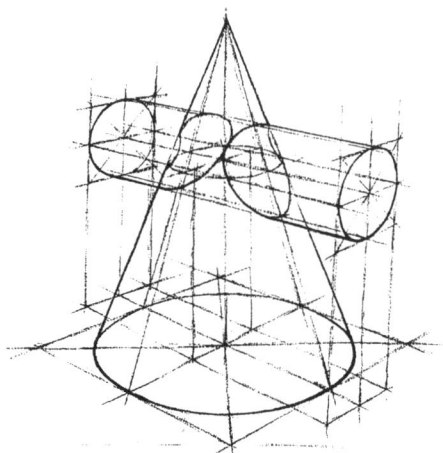

图 1-14　圆锥体与圆柱体组合

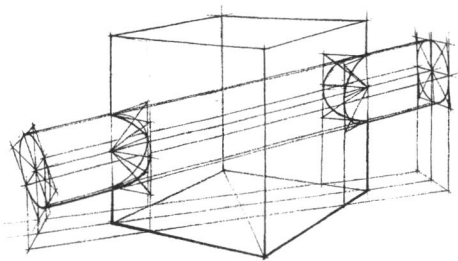

图 1-15　正六面体与长圆柱体组合

四、单件产品形态的表现

为了研究造型，人们从自然物象中概括提炼出几何形态，然后又将几何形态分解为基本形态与组合形态，应用于人为形态的创造及表现活动之中。因此，在设计素描的训练中，对单件产品按照其几何形态的特征为基本形态构成的产品与组合形态构成的产品两大类。把正方体、圆柱体、圆锥体、球体等单纯几何特征为主的产品造型，人为划定为基本形态的单件产品表现范围；把两个或两个以上的基本形态有机组合，形成复杂的产品形态划定为组合形态的单件产品的表现范围。按照先易后难，循序渐进的教学认知规律，基本形态的单件产品表现训练应在先，组合形态的单件产品表现训练在后，这样才会取得较好的训练实效。

以上两类产品训练表现的先后顺序虽然不同，但是从建立透视辅助线构架到对形态推导表现的步骤却都大致相同。下面对表现步骤进行归纳说明。

（1）根据产品形态的最佳展示角度，确定一个能够充分表现产品形态形体结构关系的构图，画出一个透视立方体构架（见图 1-16）。

（2）在准确的透视立方体构架建立之后，根据产品形态的结构、比例特征，用轻淡的线条画出辅助线、中心线，对透视立方体构架的整体进行局部的分割，其目的是确定产品形态与构造透视立方体构架中的空间基准（见图 1-17）。

（3）在确定了产品形态与构造在透视立方体构架中的空间基准之后，通过辅助线和结构线，进一步确

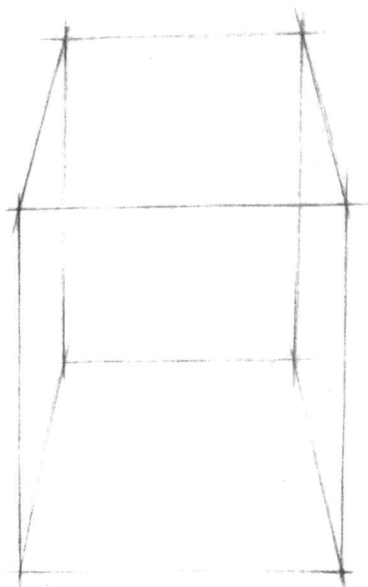

图 1-16　步骤一

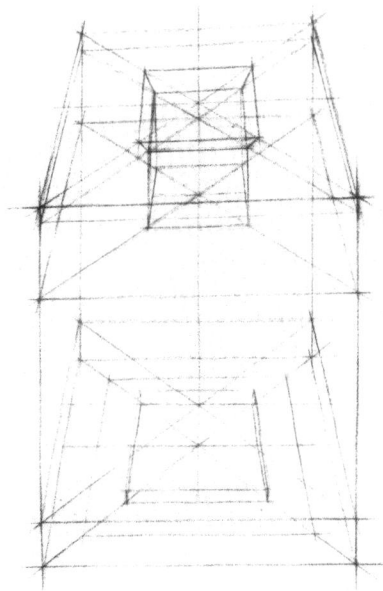

图 1-17　步骤二

定产品形态形体各部分之间的比例、结构关系、形体与形体的连接方式等。

（4）生成产品形象是该步骤应达到的目的。用较清晰的线条，对产品形态进行勾勒，按着先整体后局部的原则，对其比例、结构关系、连接方式等加以肯定的表现，包括不可视结构部分，这样既可以验证形态可视部分的准确性，又可以使画面中的形态更加深

入、具体、准确。在描绘过程中，既要保持线形的连
贯性，又要将可视线与不可视线加以区别，也就是说
不可视线要浅于可视线，这样有利于造型的空间层次
变化（见图1-18）。

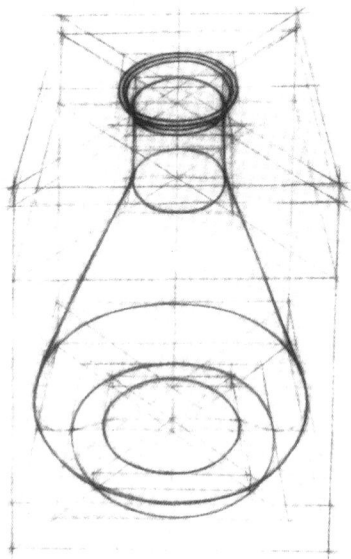

图1-18　步骤三

（5）在准确地描绘出产品形态之后，对整体造型
轮廓线进行艺术上的处理，在原勾勒形态线条的基础
上，用非常肯定而坚实的线条复勾产品形态靠前部分
的轮廓与转折，突出重点部位，强调造型的前后关系、
立体关系和主次关系，必要时还可以减弱一些原勾勒
在形态后部的线条，以突出上述三种关系。要根据不
同产品不同材料的质感和量感特征，用粗细、浓淡、
松紧等线条，表现各自的软硬、粗细等质感与轻重的
量感。总之，整理线条的目的就是运用线的艺术表现
力表达产品形态的立体感、空间感以及质感和量感，
对造型做最后的完善（见图1-19）。

五、产品形态的空间组合表现

对描绘单件产品形态的造型，只涉及其形态自身
的构造及空间关系的分析表现，然而相对两件以上产
品的空间组合表现，不但要准确地表现各产品的形态、
结构、比例关系，而且还要恰当地表现出产品的相对

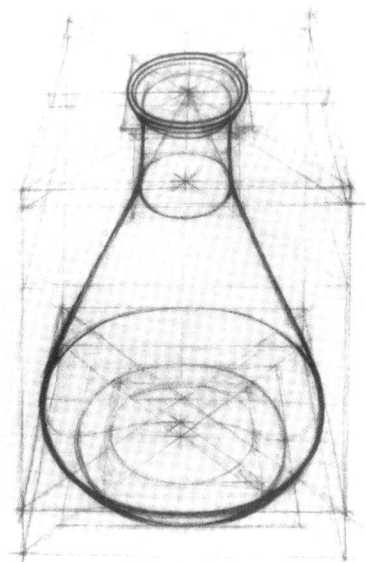

图1-19　步骤四

陈设位置，从而准确地反映其空间秩序。通过对产品
空间组合的分析表现，使学生更加熟练地运用空间透
视原理，强化空间层次观念，掌握多件产品的空间组
合表现方法及描绘步骤，启发学生的空间构想能力和
逻辑思维的分析能力以及对多件产品进行画面构图的
组织能力。此外，这种产品空间组合的推导表现方法，
为建筑及室内外空间环境的设计表现，奠定了坚实的
基础。

下面对产品形态的空间组合表现步骤进行归纳
说明：

（1）根据产品形态的空间组合关系，对选择一个
什么样的角度，采用何种形式的构图和透视以及确定
何种高度的视平线，才能充分地表现其前后、左右的
画面组合关系等方面进行观察与思考。

（2）在预想的画面位置，按照构成空间组合的单
体产品的底面形态，用辅助线画出相应的透视平面。
单体产品的透视平面必须低于视平线以下，并在整个
画面的进深中，生成同层面各件产品形态的前后、左
右的空间位置（如果不是在同一平面上的产品形态的
空间组合，要以最低的基面为基准，逐步画出抬升层
面的形状、高度及位置关系），然后在单体产品透视
平面上，按照各自单体产品的尺度比例，画出符合相

应单体产品造型特征的不同大小的、比例各异的立方体构架（见图1-20）。

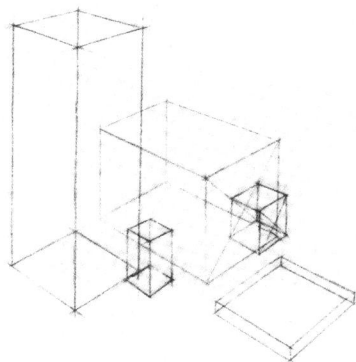

图1-20 步骤一

（3）根据各自单体产品的比例结构，用辅助线、中心线，对各立方体构架从整体到局部地进行定位分割，以确定单体产品的形态与构造在立方体构架中的空间基准。

（4）通过辅助线和结构线，进一步确定单体产品形态自身的结构关系、连接方式以及各单体产品之间的比例尺度、空间位置关系等（见图1-21）。

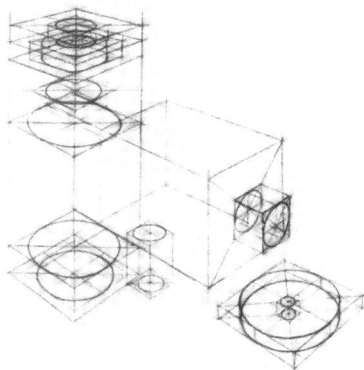

图1-21 步骤二

（5）用较清晰、肯定的线条对产品形态进行勾勒，包括不可视结构部分。在描绘过程中，要注意可视线与不可视线、前面产品用线与后面产品用线的区别，以达到生成产品形态及其前后、左右空间位置关系的完整画面形象（见图1-22）。

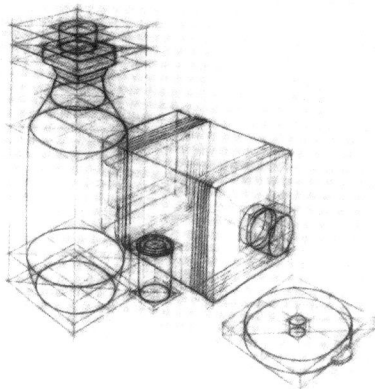

图1-22 步骤三

（6）对整个画面的线条进行艺术处理。对位置靠前的产品形态用线及画面表现的主体产品形态（尤其是产品自身靠前的转折处）用非常坚实肯定的线条复勾，减弱或用松弛的线条处理原勾勒在形态后部及处在靠后空间位置上的产品造型用线；对不同质感、量感的产品形态也应采用不同形式的线条进行表现。这样，通过综合运用透视关系和不同线条的形式美感，加强整个画面的产品空间组合表现力（见图1-23）。

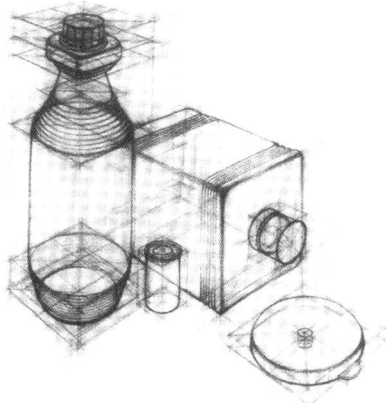

图1-23 步骤四

为使学生熟练和灵活地运用产品之间组合的推导表现方法，可以通过由对产品形成的空间组合写生练习，逐渐过渡到通过主观想象来完成对同一透视平面上的产品形态透视构架的推导，进而描绘出单体产品造型以及它们之间的空间距离、位置关系，巩固和消化所学知识。

本节重点内容提示

（1）线的表现

（2）几何形态的表现

（3）产品形态的空间组合表现

作业

（1）线条是设计素描的造型语言，它在设计素描造型过程中，应体现哪几种表现要素？

（2）完成直面与曲面几何体的组合写生练习1～2幅。

（3）完成几何体与产品形态的组合写生练习1～2幅。

（4）完成不同质感的产品形态空间组合写生练习1～2幅。

第三节　调　子　素　描

一、调子素描的表现特征

1. 立体感强

调子素描既是设计素描的延伸和升华，同时又是色彩表现的必不可少的重要基础，它是在立足准确表现形体结构的基础上，通过借助光和影构成的物体三大面、五大调的形式元素，塑物象三度空间的立体感、空间感和质量感，着意去突破平面性而力图创造出一种具有三维立体或深度空间的逼真"幻象"，将设计素描的理性理解还原为调子素描的感性直觉，以达到真实地表现设计方案的目的，使表现形式更加完善。

2. 感染力强

光线极大地影响了物体的明暗配置，支配了物体给予人们的形状感受和肌理的质感效果，调子素描就是通过描绘光影在形体上的明暗调子的变化，来完成对物象的空间关系和体积、材料的肌理和质感、明度色差变化的微妙表达，提高和丰富了设计方案的表现力和视觉冲击力。另外，不同的光影效果可以传达不同的视觉形象张力和各异的情感氛围，作为造型艺术设计的基础训练，并不是要你像照相机那样完全地去摹写眼前所见，而是主动地去组织提炼对象的明暗调子，通过对调子的审美创造，进一步增强其表现语言的感染力。

当然，调子素描的感染力依赖于对它的造型要素努力实践后的思考以及运用这些要素的娴熟程度，取决于对造型要素的选择及支配方面的美学意识。

二、结构与体面

调子素描强调物象的体积感，而这一立体感的获得必须是对结构深入理解的基础之上，对形体进行正确的体面分析之上。丰富多变的客观形体是由许多复杂多变、不同朝向的面组合的，并且随着观察者的视觉角度的变化形成一定的透视关系。物象在特定光源下，其表面呈现丰富多变的明暗，这些不同深浅的调子，表明着形体的起伏凹凸，暗示着形体内在构造的特征和组合关系，所以，只有恰当而确切地找到结构组合中各局部的体块，并找到组成体块的各面，观察到各面在透视下的形以及各面之间的转折，从形体到面再抽象到线，画时从线到面再回到形体，此时，对明暗调子的观察和表现才不会落入被动的表面的抄摹，而这样的立体塑造才有意义。

三、光影与明暗调子

自然界中的一切物体都是在特定的光照下以明暗调子的形式呈现在我们眼前，物体在光照下呈三种基本状态，即顺光、侧光、背光。以球体为例，调子从亮到暗依次为：亮色调、灰色调、明暗交界线、反光、投影，统称五调子。亮色调——光源直接照射的部分；灰色调——光源侧射在物体的部位，这一领域因受光较弱亦称中间调子；明暗交界线——物体受光与背光的交界地带，是暗部最重的地方；反光——物体受临近物的反射而形成的在暗部相对亮一些的区域；投影——光被物体遮挡在临近物上所产生的阴影。"五调子"是物体在光照下，概括归纳出的基本光影规律，物体由于受光源强度、角度的不同，以及光源与被照物体距离的远近、物体表面肌理的差异，呈现丰富多变的调子，它以黑、白、灰不同的色阶对比形式表现出物体的空间、体量，不同的质感特性。"调子"在素描上就像是雕塑刀，每一块明暗光斑都是形体的一个面，一个转折，而所有画面的明暗色调所连接成的整体，正是我们所要描写的那个立体构造。所以要明了，明暗调子以形体结构为依据，或明或暗，丰富的黑白灰变化，体现着形体的起伏，暗示着结构，这样的明暗调子才有意义，才能发挥其本身的光彩。

素描中的调子相对自然物象的调子，其反映是极其有限的，运用有限的明暗色调来表现自然物象中无限的层次现象，最有效的方法是整体地确定表现出画面中的明与暗之间的对比关系，也就是说，最终是画面中黑白灰的调子在比例层次与关系之间的比较，而不是画面与客观物象之间的比较。此外，调子在表现性素描中创造画面气氛，提高艺术的境界等方面也不失为一个重要的因素，调子的强弱、浓淡、虚实、粗细，有意的刻画或概括，以及肌理等对比和不同的处理，会给人以强烈、明快、深沉、细腻、含蓄、抒情等不同的视觉感受。

四、肌理与质感

肌理是指物质表面的组织结构和纹理。肌理可分为视觉肌理和触觉肌理，视觉肌理是指仅仅用眼睛就可以感觉到的纹理效果；触觉肌理是指浮雕似的立体，可由皮肤的触摸感觉到。这种对材质表面肌理的感受与印象就是人们常提及的质感。

不同的肌理会给人不同的材质感。当我们看到一种肌理组织时会相应地得出"触觉"性质的判断：平滑或粗糙、坚硬或松软、干涩或湿润等等，当我们闭上双眼触摸物体时，触觉将使我们仍然能"看"到物体的表面肌理，视觉和触觉的相互刺激，必然在内心形成一种反应，质感表现就是学生对物象敏锐的感受

和表现的有机结合。

质感的表现有一定的规律可循，但由于素描的表现手段是有限的，我们只能依赖于造型的知觉因素将这些存在概括为线和调子等造型因素的对比表现或暗示。如坚硬光滑的物体其边缘轮廓尖硬、肯定，明暗交界线部分暗面与亮面相邻且对比唐突、强烈；柔软粗糙的物体轮廓和调子则往往是柔和的渐变过渡；一个受光的粗糙的面或轮廓可能被想象为灰色或带某种调子的等等，即使再复杂的质地现象，都同样可以用素描的黑、白、灰的控制以及笔触、工具、技法等来加以表现。

五、调子素描写生的方法步骤

1. 观察感受

观察感受是指画者动笔之前对物象的感觉和总体印象，是画家在瞬间对事物的思考和判断，它是最鲜明、最活跃、最个人化的一种直观感情，没有这种对物象的鲜明感受，盲目动笔必然是被动地、机械地描摹，形象不会有感染力和生命力。所以画前的感受至关重要，找准感觉，并将其保持到作画的始终。在此基础上从各个角度全面、完整地去观察认识和理解物象的形体、结构和特征及空间关系，然后选择一个最能体现物象特征和美感的角度，并确定适合的工具、材料和表现方法。

2. 构图

构图是指被表现的物象如何在画面上安排和布置，人们常说的布局和经营位置，就是针对构图而言的，构图的基本原则是平衡和变化统一。平衡指的是物象在画面上下左右的量的相称；变化统一指构图形式要素，如形状、大小、位置、空间等完美和谐的关系。为了避免构图上的盲目状态，初学者有必要在正式落幅之前，先画几个构图设计草稿，从中选出一个最佳方案。构图是一幅画的灵魂，好的构图形式能提高素描的表现力，必须从一开始就建立起对构图的审美意识和设计意识。

3. 起轮廓

应该说起轮廓与构图是同时进行的，要按照所选构图的最佳方案，将画面的构成关系和轮廓框架落实到纸面上。起轮廓时要把整个被描绘的对象看成一个大基本形，可轻轻地将物体外轮廓最突出处确定四至五个点，以便定点落幅。基本形是素描写生中最难、最易忽略的一环，切不可小视。画基本形时要注意其高低宽窄的位置和比例，每画到一个地方，都要参照其他部位，兼顾上下左右轮廓的位置、比例、角度、方向和形状的关系，做到联系起来观察，提炼概括地去画。大基本形画出以后，再按照从大到小的顺序用较长的直线依次切割物象的基本形，这实质上是在整体观察的原则指导下，寻求物象整体的构图和形体的整体比例（见图 1-24）。

图 1-24　步骤一　　　　　　　　　　　　　　　李海云

4. 明确特征

如果前两步工作做得较为出色，那么这步任务就相对简单了，用设计素描的一些手段"穿透性"地将物象轮廓和可视结构与不可视结构以及各物象间的空间位置关系，通过粗细不等、长短不一的直线切割出来，进一步明确和突出物象的特征和局部的基本形体。这是强调的"切割"，指要求用笔用线果断肯定，虽然线条不一定很重，但方法上必须是肯定的。需要指出的是，这一阶段虽然形象清晰可辨，但仍不能过早地刻画细部，在推进局部的过程中，要不断地返到整体，以免失去整体，导致更大错误的产生。此外，切忌死守一线，孤立地去框画轮廓的外缘。

5. 塑造形体

指用物体呈现的"三大面、五大调"表达形体的空间结构和体积关系。为了使画面的整体效果始终维持在一个鲜明均衡的分寸之中，应在整体—局部—整体的循环中把握和调整大的形体关系。

先从物体最暗的明暗交界线入手。从明暗界线开始，将暗部（不管是主体暗部还是背景暗部）统画一遍，先画主体暗部，再画背景暗部，略分出近深远淡的关系，亮部空出不画。要整体观察，整体比较，用笔轻淡，为下一步调整留有用色余地。在接下来的将暗部调子不断加深的同时，应将物体受光部分的背景调子和物体的灰调子铺上。铺设色调时，应注意将物体受光部分的背景色调适当深一些，以此作为下一循环的全面铺开调子和深入刻画而产生的新的色调平衡关系的参照（见图1-25）。

在铺设色调的过程中，应明确上调子是为了塑造形体结构和空间关系，绝不能简单地仅凭直觉浮光掠影地捕捉色调的表面现象，应研究色调关系的成因，

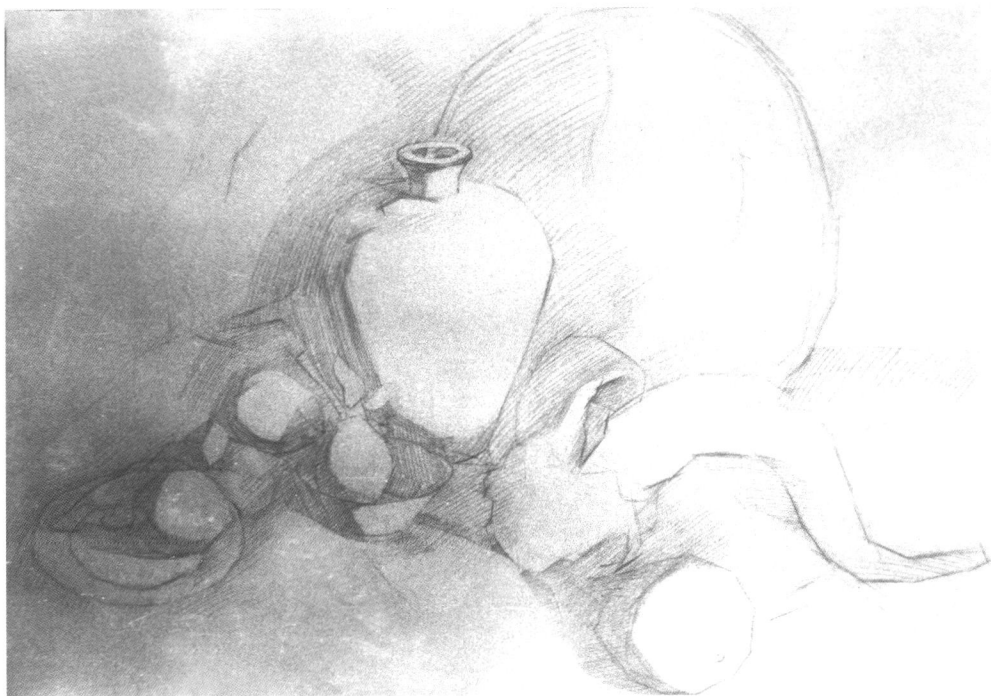

图1-25 步骤二

李海云

即须观察与分析形体结构这一本质因素怎样在光和影这一现象因素的影响下产生出深浅色调，从而从本质上掌握光影色调的规律，将偶然的视觉因素纳入必然的造型规则。

6. 深入刻画

在此阶段，灰调子的分寸把握是深入刻画的关键所在，通过对细节的生动刻画以及对色调的微妙处理，使结构更严谨、形体更准确、空间感更强、色调层次更丰富。深入刻画阶段最容易钻局部，往往注意力集中于某个细节而忘掉了整体感，为此要经常环顾整体，联系、比较地去观察，使局部服从于整体结构，协调好整体与局部之间的关系，用辩证的思维方式去处理画面。

深入除了对表现主体相关的细节进行刻画之外，突出主体则是深入的最终目的，故而应先从主体部分入手，逐渐推及次要部位。主体部分的明暗对比要画

得细致、具体一些，这样会使物体向前突出，反之，画得简单概括、色调弱、用笔轻，就会有后退的感觉。

调子素描边缘线的处理至关重要，要根据物体的前后关系与形体的转折关系，并结合背景色调进行边缘线的处理，要表现得虚实相映，强弱有致，从而表现出物体的空间效果（见图1-26）。

7. 整体调整

整体调整阶段是收尾阶段，主要是调整完善，也就是说要回到大关系的审视调整中。有些人常因忽略这一环节而前功尽弃。可把画面放到离眼睛远一些的位置，看一看整体黑白灰关系是否明确，灰调子是否太跳或不足；物体的前后空间的虚实与强弱是否合理；细节刻画是否服贴，是否因刻画过度而显得太跳；用笔是否得当，线条排列是否显得杂乱刺眼，对画面作整体调整必须以第一感觉为标准，对画过火的地方进行大刀阔斧地砍杀，尽管经过写生过程已对对象不再

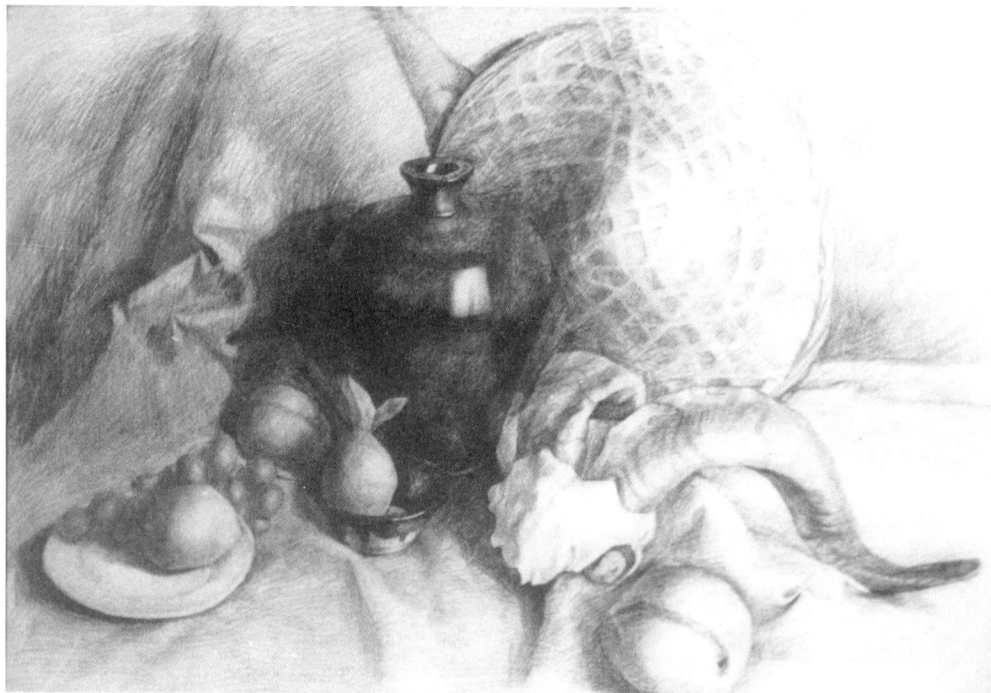

图 1-26　步骤三　　　　　　　　　　　　　　　　李海云

感到新鲜，但第一印象的鲜明特征始终应留存于大脑里，以作为调整画面时的基本依据（见图 1-27）。

六、石膏几何体形态的空间组合写生训练

（一）写生的目的和意义

石膏几何体以其洁白的质地、单纯而规则的形体，为调子素描的学习提供了最好的写生参照，它使我们在没有固有色干扰的状态下，研究物体的光影规律，学会运用"三大面"、"五大调"去表现物体的体积、质感和空间感，通过石膏几何体形态的空间组合写生，进一步培养学生把握和表现较复杂的透视关系和各单体石膏几何形态之间的空间位置关系以及整组石膏几何体的三维空间状态的能力，系统掌握调子素描的作画步骤和一般表现方法。

（二）写生要点

1. 把握整体比例和透视关系

在视觉形象中，比例与透视是密切相关的，视觉比例包含着透视现象，透视现象作用于视觉比例关系，为此，要养成看大基本形的习惯，在确定形体间的比

例和透视关系时，学会用水平线与水平线、垂直线与垂直线、斜线与斜线同时比较着画，灵活运用所学的透视规律，从而正确地理解和描绘在某一角度观察下形体的视觉特征，使形象具有纵深感和距离感（见图 1-28）。

2. 把握整体的明暗层次

要想提高素描的表现力，首先要从提高其观察能力入手。画调子素描是不可能画出对象的绝对深浅调子，但却又能真实地表现出这个特定的对象，这主要靠减弱邻近色调的关系来实现的，而减弱邻近色调的关系要靠比较，切忌孤立地审视一块调子的深浅。具体一点说：整体观察、反复比较。主要通过暗调子与暗调子比较，亮调子与亮调子比较、暗调子与亮调子比较的观察方法，将其分出 4、5 个层次即可（见图 1-29）。

3. 把握整体的虚实关系

处理好虚实关系，可以使素描形象更具有空间感和立体特征，并使素描色调富有节奏美感。虚实关系有自己的规律：离视点越近的形体越实，越远则越虚；离光源越近的形体越实，越远则越虚；在外轮廓和背

图 1-27　步骤四　　　　　　　　　　　　　　　　李海云

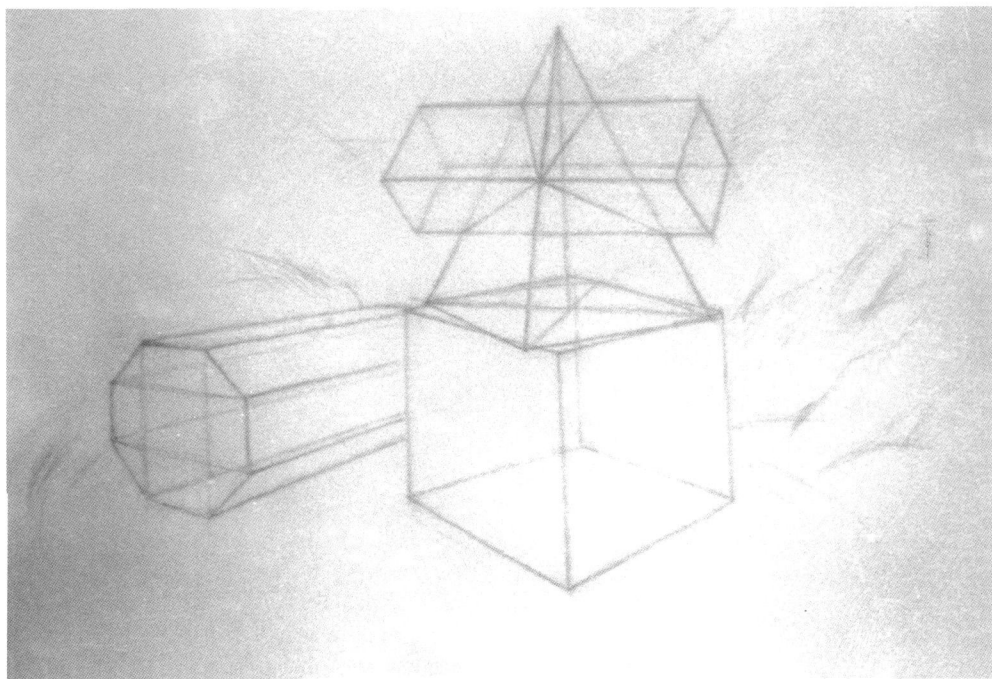

图 1-28　步骤一　　　　　　　　　　　　　　　　钱立稳

景的清晰度关系中，处于形体最亮和最暗处部位的轮廓线较实，处于灰色调部位的轮廓线较虚（以圆球体为例最为明显）；对投影来说，接近形体部位的投影轮廓线较实，远离形体部位的投影轮廓线较虚，这些规律的把握，都需要用整体的、联系的、比较的观察方法来获得（见图 1-30）。

图1-29 步骤二　　　　　　　　　　　　　　　　　　　钱立稳

图1-30 石膏几何体

4. 表现对象的质感

对对象质感的表现，可以进一步丰富调子素描的表现语言，提高其表现力和感染力，它主要靠笔触、线条和色调的对比变化等手法。要充分表现石膏几何体洁白、质硬、不反光的质感特征，多使用硬性铅笔，多沿形体结构的走向运笔排线，暗部色调要柔和透明,亮部色调变化微妙,笔触要细致清晰,衔接自然,同时,还应注意石膏几何体与衬布匹的柔软质感形成较为强烈的对比。此外,由于素描工具的局限性,只能要求质感的相对真实(见图1-30)。

七、产品形态的空间组合写生要点

(一)写生的目的和意义

产品形态多种多样,并且有着丰富的固有色和质感变化。丰富多彩的产品形态为我们的调子素描训练提供了许多的视觉样式,使习画者可以在较长的时间内观察、认识、分析、理解客观物象,掌握客观物象的存在规律,以获得相应的知识和经验。一幅好的产品形态的空间组合写生,通过画家独具匠心的艺术处理,可以成为一幅极具审美价值的独立艺术作品。

(二)写生要点

1. 把握整体比例和透视关系

一幅画的整体关系,是由各局部组成的,画面上比实物放大或缩小了的形象,其比例关系都是相对存在的,如果没有与它相关联的另一方,这一方也就失去了存在的条件,为了达到局部与局部之间,局部与整体之间的关系正确,首先要从确定最大比例关系入手,因为最大比例关系是形的基础。比例的把握必须通过比较来确定,只有比较到位,才能把握好比例关系。要局部与整体比,局部与局部比,从简单到复杂,从整体到局部。

在画面没有涂调子的情况下形成的"立体感",是遵循着透视规律所营造的一个"幻象",在透视作用下,物体的长短、高矮、宽窄,都会呈现极其复杂、微妙的变形,这在透视和设计素描的章节中已触及和揭示。在产品形态的空间组合写生过程中,要进一步理解和消化透视的基本原理和知识,熟练掌握透视的基本规律,不断磨炼自己的眼睛,增强对于透视的敏感领悟能力。

2. 把握整体的虚实关系

物象由于空间位置,受光条件与反光性能不同,固有色与质感的不同以及前后衬托关系。都会产生虚实变化。实就是轮廓清楚,明暗对比强,体积感强;虚就是轮廓含蓄模糊,明暗对比弱,体积感弱。关于虚实关系的规律,在石膏几何体形态的空间组合写生要点里已经阐明,虚实关系也要通过比较去分辨,靠比较去把握。

3. 表现对象的色感

素描是单色绘画,对于色彩感的表现只能依赖于不同色相的明度差异来反映,也就是说,在产品形态的空间组合写生中,准确判断物体之间固有色的明度及其差异以及物体本身的明暗差异,是色感表现的依据。物体的固有色不同,其"五调子"明度差别也是不相同的,一般来讲高明度色明度差别大,低明度色明度差别小,物体"五调子"的明暗变化,一般来讲不应超出它的固有色的范围,即使说应在物体固有色允许的范围内扩展起变化,也不能画得过明或过暗。此外,在表现对象的色感时,不应以牺牲形态的立体造型特征为代价,宁可减弱对象局部中的深色调,也要保证形态立体的鲜明特征。

4. 表现对象的质感和量感

质感是物体的物质属性,它给人带来心理的、触觉的、视觉的感受,与单一质感的石膏几何体相比较,产品形态的质感呈现复杂多样的状态,概括起来分为两大类:无光类物体质感和有光类物体质感。如陶质的产品形态,纤维织品与瓷质、玻璃、金属的产品形态,这需要我们在写生时留心观察和分析,找出各种质地的表现规律。一般情况下,表面光亮的产品形态,容易反射周围的形和色,高光突出,黑、白、灰明暗规律减弱;无光泽和表面粗糙的物体容易体现光照后产生的明暗规律。

量感是由物体的重量给人带来的心理体验,量感在素描中要靠体积和质感的共同塑造来完成(见图

1–27)。

八、石膏柱头的写生要点

（一）写生的目的和意义

外国古典石膏柱头写生是建筑美术的主要内容，它是学生认识外国古典建筑设计构件及其形式美感，用明暗调子去塑造表现其造型特点的重要手段。学生通过了解不同时期柱式的演变过程及不同柱式风格等相关知识，拓展其知识面和思维空间，加速对专业学习过渡的进程，为后续的专业课学习奠定基础。

（二）写生要点

1. 把握整体比例与透视关系

不同柱式的造型，其柱头、柱身、柱础三者之间的比例关系是不同的，其柱头造型也有很大差异，要通过反复比较，把握好柱头各部分之间的相对比例关系，运用透视规律，画出构成柱头的虚拟体，在此基础上，归纳出组成柱头部分的几何形体特征，并进一步比较其整体的比例与透视关系（见

图 1–31)。

2. 准确表现装饰细部造型

外国古典柱头是由一个大圆柱体（柱身）和一个扁状的正方体（柱上楣）组成，希腊爱奥尼克柱和罗马爱奥尼克柱在柱颈的两侧还有两个横向的小圆柱体，一切凹凸饰带线及装饰浮雕图案，都依托于这些组成柱头的基本几何形体上。不同柱式的柱冠、柱颈、柱上楣和柱下楣上的装饰，横向饰带、叶板以及柱身的竖向凹槽等，都有严格的数据定量规定，这些造型的特点和微妙变化，是构成不同柱式象征性及其风格特征的关键所在，为此要理解并严谨、准确地去表现（见图 1–32)。

3. 把握好柱头造型的整体感

尽管在柱头的基本形体上附着很多细小的装饰要素，但这些小的装饰构件是有机地融于大的形体结构之中的，作画时很容易忽视这一点，往往被一些装饰细节的明暗变化所吸引，钻入局部孤立的刻画，造成画面的碎、花、平。所以整个柱头的写生过程，要始终保持整体的观念，坚持整体观察比较，

图 1–31　罗马柱头

图 1-32 罗马柱头　　　　　　　　　　张彬

进行综合分析，做到概括而不使形体简单，具体而不使画面琐碎和平均，注意局部的刻画和整体效果的完美统一，为此，整体意识要贯彻作画过程的始终，应处于主导地位（见图 1-33）。

图 1-33 罗马柱头

4. 把握好方与圆的节奏变化

由于圆弧形体统领柱头造型的风格特征，为此，把握好柱头造型的方与圆的节奏变化和分寸感十分重要。方，是对描绘对象的一种观察和理解方式；圆，则往往是对象形体转折的实际形态。刻意地追求方，会使造型表现流于概念化和简单化，阻碍我们对对象具体的观察和深入的表现；而如果只圆无方，则会导致大的转折结构含混不明。应该说，方体现为对形体的理解和分析过程；圆则是对形体实际造型的还原结果。因此，应该先方后圆，圆中有方地把握对象，这样才能增加写生对象的生动美感。

本节重点内容提示

（1）光影与明暗调子

（2）调子素描写生的方法步骤

（3）石膏柱头的写生要点

作业

（1）将一单色球体置于特定的光照环境下，观察并指出五调子分别在球体上的具体位置。

（2）完成石膏几何形态的空间组合写生练习 1 幅。

（3）完成产品形态的空间组合写生练习 1～2 幅。

（4）完成石膏柱头的写生练习 1 幅。

第四节　室内与建筑场景写生

对室内与建筑场景的写生练习，不单纯是一种技法练习，更重要的是一个从写生中能主动地感悟和体会设计语言的过程，它会使学生对场景的空间布局，形体结构和设计思想及美感风格有一个较为深刻的理解，从而增强专业设计意识，不断提高创造性思维。

许多杰出的建筑师和室内设计师一生都画有大量的场景写生，他们的设计作品很大程度上得益于这种博采众长的长期陶冶。然而场景写生的空间构成复杂、内容繁多，为此要有针对性地通过一系列的专题练习，逐步掌握其写生的一般方法。

一、室内与建筑场景写生的表现形式

1. 以明暗调子为主的场景写生（见图 1-34）

以明暗调子为主的场景写生是指运用明暗调子变化规律，充分地表现光照下的场景中形态的形体结构、不同质感和固有色、空间距离等，使画面黑白对比强烈，有较强的视觉效果。在写生中作画者要从体面出发，强调明暗的对比效果，减弱画面中复杂的调子层次，同时注意运用形态的固有色对比关系，处理好画面的黑白效果，使画面产生节奏感。

图 1-34　扬州个园　　　　　　　　　　钟训正

2. 以线条为主的场景写生（见图 1-35）

以线条为主的场景写生特点是形体结构鲜明，画面简洁明快。所以要求作画时一定要从形体的内在结构出发，抓住形体的本质特征，利用线条自身的表现力去表现形态的形体特征、质感以及作画者的主观感受，通过线条的疏密排列和相互衬托，来表现场景的空间层次和形体之间的关系（线的表现力请参看第一章第二节设计素描中的"线的表现"部分）。

二、室内与建筑场景写生的构图规律

构图是指所画的对象在画面中的位置安排，即中

国画理论中所讲的"经营位置"。一般来说，在落笔之前就应该对画面的构图有一个完整的设想，画面表达内容的充分与否，都和构图有直接的关系。场景写生的一般构图规律如下：

图 1-35　上海浦东写生　　　　　　　　刘静波

1. 近、中、远景

尤其在建筑场景构图中，一般应有近景、中景、远景三个空间层次关系。因为场景中空间层次至关重要，它使人产生深远舒展、层出不穷之感。如果场景空间层次少或者没有，画面意境就会受到阻碍，甚至受到破坏。

2. 主次分明

构图中的近景、中景、远景三个空间层次应有主次之分，如构图中心线重点在中景，近景、远景则应概括，中景就要重点刻画；若构图中心线重点放在近景，则中景、远景便应概括，近景就应深入刻画。同在一个空间层次的场景中，也应有主次之分，这样在视觉效果上就有构图中心。

3. 布局均衡

在画面上构图布局要注意力点的平衡，使人在视觉上有"均衡感"，不能一边重一边轻。这种平衡不是对称，而是"势衡力均"。

4. 取舍移景

对生活中的场景要围绕构图中心及画面均衡对实景合理地进行取舍、移景与借景，使画面更集中、更

强烈、更典型，更符合形式美的规律。

5. 明暗相衬

明暗深浅关系在场景写生中非常重要，它能起到丰富画面和使画面保持均衡的作用，更重要的是它通过明暗的对比，突出画面的中心或重点。

6. 疏密得当

中国古代画论上讲，"疏可走马，密不透风"，形象地阐述了疏密关系问题。利用线条的疏密关系来表现不同层次和空间关系，在构图上做到疏密有序。另外，空白的使用也是一种构图技巧，它的面积大小、位置、形状都是画面的构成要素。

7. 虚实相生

场景写生最重要的是空间层次关系，而要能很好地表现空间，关键是如何处理好虚实关系。一般规律是近景对比强，远景对比弱，近景明显，远景模糊，近详远略，这便是虚实变化规律。此外，主要描绘的部分要实，次要的则要虚，虚实相间，有紧有松，画面就含蓄、丰富。

8. 突出特征

无论是画场景还是画其他的人或物，均应强调造型特征的突出。虚是相对空间讲，也要有其外形特征，只不过是对比较弱，不能虚而无形，这样处理不管是近或远、实或虚，都呈现出不同层次的形体特征，画面就鲜明生动，耐人寻味。

9. 画面完整

场景写生构图虽然允许大胆取舍，甚至强调高度概括，简练、不求场景的完整，但是，从画面而言，则要求画面有相对的完整性。

上述九条只是场景写生构图的一般规律，在实际作画时，应尽量根据个人的艺术感受去大胆组织画面，突出主题，体现意境，创造新意。

三、室内场景写生

（一）室内场景写生的取景与构图

一般说来，在落笔之前就应该对画面的构图有一个完整的设想，画面表达内容的充分与否都和构图有直接的关系。首先要对室内环境的功能、尺度比例、结构特点，以及风格与气氛进行观察分析，明确所要表现的主体，并以此作为确定视平线高低和写生角度的主要依据。要把反映围合分割空间的结构要素尽可能地安排在画面内，避免视点不固定的现象发生。可通过取景框这个"窗口"来选取最佳角度，必要时可先作一小草图。

（二）以明暗为主的室内场景写生步骤

1. 画出基本结构及轮廓

在画面上先定出视平线的位置，再按比例横向定出空间物象的各个部位，然后按比例竖向定出空间物象的各个部位，运用透视规律，结合空间物象结构特征，画出构成围合空间和主体构件的基本结构及室内大件陈设品的基本形，室内其他小构件和小饰品，要相互对照、比较着画出轮廓（见图1-36）。

2. 涂大明暗

由于室内的自然采光窗和人工采光源不止一个，易造成光线散、乱的现象，为此要明确主光源，减弱辅助光源的影响，根据主光源及空间构成关系、空间实体的空间形态、对象的固有色彩，确定其暗部、投影、中间色调及受光部分中最亮的部位，在涂明暗之初就要明确天棚、地面、左墙、右墙几个大色调的区别，画出大体明暗。随后要逐步将各部位的色调分开，不断比较逐步加深。在涂大明暗阶段，还要经常不断地发现和纠正打轮廓阶段留下的错误，从这个意义上说，此阶段又是打轮廓阶段的继续和提高（见图1-37）。

3. 深入刻画

深入刻画阶段是在充分表现室内场景明暗色调的同时，深入描绘室内空间中各种形态的空间关系、体面关系、质感特征等，必须统观全局、局部服从整体、主次分明、互相关联地画，充分运用虚实对比手法，加强空间感的描绘。在调子加深的过程中，要抓住受光和背光两个主要部分调子的对比和衔接关系，处理好明暗交界线上的形体变化，强调明暗两大部位调子的对比。要运用物体固有色的对比关系，处理好画面的黑白效果（见图 1-38）。

4. 统一调整

重新审视自己的画面，将客观的存在因素与表现内容进行全面整体的比较，看是否符合"第一印象"。

图 1-36 步骤一   崔小栓

图 1-37 步骤二   崔小栓

图 1-38　步骤三　　　　　　　　　　　　　　　　　崔小栓

重点看画面的总体环境气氛是否协调，空间层次是否清晰，画面视觉中心是否突出，黑白灰关系是否明确等等，对画面中刻画不到位的地方要进行强调，对刻画过火的地方要进行减弱，直到画面效果较为理想和满意为止。当然在调整和收拾时，一定要谨慎、宏观地把握，不要改动过多，以免把画面涂改得一塌糊涂（见图 1-39）。

（三）以线条为主的室内场景写生步骤

1. 落幅勾轮廓

选择最能体现该室内空间形态特征和环境气氛的角度，根据表现的目的，确定视平线的位置，把主体表现对象锁定在合适的空间层次中，安排好画面的主次关系。用虚线示意出透视上的点线、勾画出构成围合空间和主体构件的基本结构及室内大件陈设品的基本形（见图 1-40）。

2. 局部刻画

从最感兴趣的部位或主要部位的结构着手画起，向邻近的部位结构展开，局部入手必须照顾整体关系与透视效果。利用线条自身的表现力，处理好前后之

间层次关系和疏密关系以及物象的不同质感。用笔用线要连贯，风格要统一。根据意境和构图的需要对场景中的物象进行概括取舍，使画面完整，始终强调大关系和环境气氛的表现，在此基础上，深入刻画重点部位，简化次要部位，使视觉中心更加突出醒目（见图 1-41）。

3. 统一调整

统一调整阶段是一个由局部回到整体的过程，要充分发挥作画者的主动性进行一番自查。检查画面形式语言是否协调统一，在画面的空间气氛上是否达到了突出主体，各部分的主次关系是否恰如其分地得到展开，尤其是线条的疏密关系和画面空间层次的处理是否明确等，并随时予以纠正，恢复到整体感觉中去，给画面做生动深刻的整体定格（见图 1-42）。

四、建筑场景写生

（一）树的画法

进行建筑场景写生，会涉及各种各样的树，画树时首先要了解是什么树种，是怎样的体积关系，进而

图 1-39　步骤四　　　　　　　　　　　　　　　　　　崔小栓

图 1-40　步骤一

分析树的生长规律、外形特征及树叶特点，做到心中有数，落笔就会有把握。

1. 树的结构形态

树干有直立、并立、丛生的生长形态。

树枝有向上、向下、水平、下垂、树枝向前后左右的生长形态（见图 1-43）。

树叶有针叶、阔叶等种类，并有向上、向下或向

图 1-41　步骤二

四周生长的不同（见图 1-44）。

2. 树的基本形体特征

树概括有球体、椭圆体、锥体、半球体、多球体、竖向多椭圆体、横向多椭圆体等基本形体特征。

3. 树的明暗与透视

树的体积明暗关系，要用几何体受光后的明暗变化来分析树的特点。在大的体积明暗关系的前提下，

图1-42 步骤三

图1-43 树枝形态

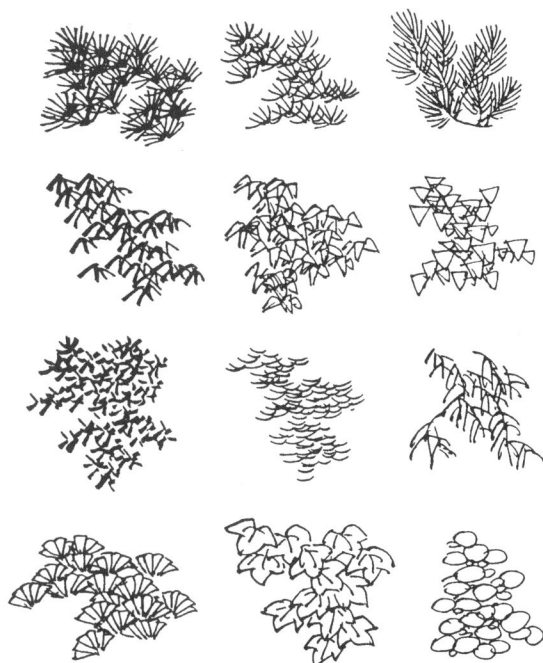

图1-44 枝叶表现

图1-45 树的明暗

找出其中局部的明暗变化（见图1-45）。

　　树的透视关系，关键是明确视平线的位置，在视平线以上，树枝等高处前高后低，树干上的横向纹路弧线是向上弯曲；在视平线以下，弧线则往下弯曲；距视平线越近，弧度越大。

　　树的造型也要注意统一与变化，枝有左有右，有前有后，有疏有密，有曲有直，有深有浅，有粗有细；树叶也有点、线、面的变化。

　　4. 画树步骤

　　（1）分析树种及其外形特征，选取合适角度，用虚线示意其基本形。

（2）抓住枝干结构，进行整棵树的体面层次的归纳与描绘。

（3）深入刻画树的体积与叶的外形特征，突出树种的特性（见图1-46）。

图1-46　画树的步骤

5. 画树的一般弊病

初学者由于对树的生长规律与结构关系理解不深，又没有整体的观察和立体的表现，因此往往产生以下几种弊病：

（1）画得支离破碎，没有整体的树形。主要原因是没有从整体出发，只是从局部看一点画一点，拼凑而成，因此不能很好表现出树的完整形象。

（2）树画得平板，缺乏立体感。主要原因是只注意画左右树枝，而没有注意画前后穿插的树枝。因此，树是平面的而无空间立体的效果。

（3）树干上下一样粗。这是因为未能根据整棵树的体积、比例及生长规律来画树干，因而树干画得没有变化。

（4）树叶画得厚实而枝干却画得纤细，树显得上重下轻。原因是孤立画树干、树枝，未能将整棵树的体积有机联系起来画，因而枝干画得较细，树显得头重脚轻。

（5）只画树干，不画树枝，树显得呆板。是因为没有很好地观察树的结构关系，只注意树干，不注意枝条的生长规律，对树根部分没有交代出与地面的联系与衔接，因而画出的树生硬没有个性。树木不同于建筑，它更为自然和灵活，要把树画得活一些，松动一些，应仔细地观察，理解各种树木的生长关系，才能掌握它们的结构特点，从而表现出树的生动形象。

（二）交通工具的画法

交通工具是场景速写中经常遇到的，如汽车、摩托车、自行车以及船、飞机等。这些交通工具与建筑场景有着密切的联系，它是某些建筑场景表现中不可缺少的内容，为了烘托建筑场景气氛，暗示建筑的功能，往往需要一些交通工具。例如车站、码头、机场、宾馆等公共建筑，交通工具更是必不可少的。

交通工具虽然是人们司空见惯的，但要画好它们并非易事。画好交通工具除了要大量地写生外，更重要的是要了解熟悉它们的形体特征和结构，画时还要注意各种部件的比例关系以及透视变化等。

1. 比例结构

画交通工具要注意把握好比例关系，首先应注意交通工具与环境、建筑物、人的比例关系，掌握不好就会使交通工具与场景相脱离，产生不真实的感觉。

交通工具本身的比例、结构也很重要，它们的外部形态及各种部件都有一定的特征和严格的比例关系。虽然速写不能像制图那样要求比例严格，但若不仔细观察；反复比较、推敲，也很难将它们画准、画像。因此，在画交通工具速写时，应认真观察、分析，反复对比，才能较好地把握它们与环境的比例关系。

2. 透视

生活中见到的交通工具种类繁多，造型也各种各样。有些形体还相当复杂，画准的关键是把握好透视。常有这种情况，画得也像汽车，但总感到别扭，这就是透视出现了问题。

在画交通工具时，首先应交通工具与建筑场景的透视要一致，否则会产生场景脱离的感觉。画交通工具的透视时，无论它们的外形结构多么复杂都要进行简化，将它们视作几何形体，根据几何形体的透视规律画它的透视。否则面对复杂的形体就无法掌握其透视规律。例如我们可以将汽车简化成一个长立方体，把飞机视作一个圆柱体等等，这样就可以从总体上把握透视规律。画准了大的形体透视，就为下一步深入描绘打好了基础。在具体作画时，细部及各种部件的透视也要反复比较，把握其透视规律才能画准确（见图1-47）。

图1-47　汽车的透视

3. 特征的描绘

世界上任何物象都有一定的特征与性格，只有抓住这些特征，着意刻画，才能传神，画交通工具亦是如此。例如载重汽车与小型汽车；重型飞机与轻便飞机。它们不仅外形特征不同，给人的感觉也截然不同，前者庞大沉重，后者则小巧轻便，这是感性的东西。在作画时要把握这种直观感受，抓住对象主要的外形特征加以表现，才能传神入画，笔下生辉（见图1-48）。

4. 作画步骤

速写一般没有严格的作画步骤。但对于初学画速写的人来说，步骤方法掌握得不好，也会使画面混乱，无法深入描绘。现以常见的部分交通工具为例，简要

图1-48　各种交通工具的表现

介绍作画步骤：

（1）选择角度。应从最能体现物象特征的角度去描绘。例如：汽车一般宜从车头稍侧的角度去画；飞机、轮船则宜从侧面去描绘。当然在作画时还应根据对象的特点以及自己的兴趣去选择作画角度。

（2）画大轮廓。用点和虚线确定构图位置，然后用直线确定大轮廓，同时应注意物象与环境，物象本身大的透视关系。

（3）比例关系。从整体出发确定物象各部位之间的比例。同时还应照顾各部件的透视关系。

（4）深入刻画。画准了整体及部件的透视关系后，即可进一步深入描绘。这时应重点刻画反映物象特征的部位，使其图画丰富、耐看，富于个性。

（三）建筑场景写生的取景与构图

当遇到你所期望的情景或能够打动你的建筑场景时，先不要着急去画，可以多换几个角度和位置仔细观察，看看有没有更好的角度和位置，然后理清自己的思绪，确定一个构思和立意。分析景物打动你的因素是什么、画什么、怎么画，怎样去构图和安排画面的景物，怎样才能充分地表现画面的意境，表达出自己的感受。也就是说，面对庞杂的建筑场景，如何选择更利于表现客观景物的最佳角度构图。取景的方法多种多样，但主要目的不是采用哪种方法，而是要选择一个最能体现场景中主体建筑造型特征的角度，根

据构思立意和场景写生的构图一般规律，确定视平线的位置，将想表现的主体建筑安排在合适的空间层次和画面位置中，根据画面想要表现的主题和构图的需要，对场景进行取舍移景，灵活多变地组织画面。

（四）以明暗为主的建筑场景写生步骤

1. 落幅勾轮廓（见图1-49）

根据取景、构思的需要，首先确定画面中地平线的位置，然后运用所学的透视知识，将建筑物和景物等基本形画出。在这一步中主要把握构图的基本形式，注意透视关系和景物的空间关系。取景时可选用近景与中景的组合，或近景、中景、远景的组合，也可单独表现近景或中景，但应避免单独选用远景。如果把远景拉近来画，既看不清场景精彩的局部，又很难表现出空间的距离，容易造成画面单调、空洞。

图1-49 步骤一 何镇强

2. 涂大明暗（见图1-50）

关注整个画面的大关系，按照近浓远淡、近实远虚的色彩空间原理，把画面分出黑、白、灰三个色调层次。可以从景物的暗部画起，就像在暗房里洗黑白照片一样，最黑的部分总是先呈现出来，然后才呈现出灰部和亮部。这种画法有利于把握画面的整体效果，便于随时比较、调整景物之间的素描关系。

图1-50 步骤二 何镇强

3. 深入刻画（见图1-51）

当画面的大关系画得差不多的时候，可从中心景物或近景开始画起，逐步扩展到周边及远处的景物，但一定要统观全局，局部服从整体。一般来说中景部分是风景写生的重点，它的色调变化很丰富，形体刻画要充分，这样不仅可以丰富空间层次，而且对场景环境特点的表现有着重要的作用。以中景为主体，近景尽可处理得简略概括一些。如果以近景为主体，就要刻画得具体充分一些。一般情况下，近景物较为清晰具体，色调明暗对比强，但最终近景的表现还是要根据画面主体的需要来决定。

4. 统一调整（见图1-52）

统一调整是最后阶段，要重新回到开始对场景的整体感觉中来。对场景中环境透视与建筑透视不能协调在一个视域的因素进行调整，对表现场景环境特点的不协调因素进行调整；对画面中空间层次，黑白灰关系，主次关系不明确等因素进行调整，逐步使画面和谐统一、主体明确、鲜明生动。

图 1-51 步骤三 何镇强

图 1-52 步骤四 何镇强

（五）以线条为主的建筑场景写生步骤

1. 落幅勾轮廓

构图其实就是开始落笔了，这是体现画者思想和表达感受的第一步。在这一阶段，从大的方面要完成画面各种景物的安排，要考虑构图原则及形式美规律的要求，如景物的概括与取舍、移动与调整、主要景物的强调与突出、画面的层次与空间等，这些最初的安排符合自己的设想为下一步的深入奠定一个良好的基础。具体落幅时，应先画出视平线的位置，这是构图落笔时首先应确定的基线。视平线的高低要根据构思和立意而定，一般视平线不能与画面平均分割，否则会显得呆板，视平线确立后，即可勾画建筑及景物的大比例、形体、透视和位置关系。画面中心的建筑与景物位置要突出，并注意中心建筑与景物和次要景物的面积对比（见图 1-53）。

图 1-53 步骤一

2. 整体比较

通过构图，建立起了基本的形体框架及位置关系，在落幅勾轮廓的基础上，仍需从整体出发，对构图和轮廓再作反复推敲，准确把握建筑物的透视变化。注意画面的主次、虚实、空间层次等对比关系，对景物的形态和位置关系不满意之处可作适当调整。

3. 局部刻画

这一阶段可以从建筑和主要景物或近景入手，也可以从你最感兴趣的部位画起，对建筑的结构、样式及门窗等所表现出来的典型特征做详细的刻画，注意建筑间的相互关系，使建筑和主要景物形象突出、生动、具体。中景可适当概括，远景一般只画出形体的轮廓特征即可。对景物的深入刻画也要注意取舍和概括，对影物画面整体感和不必要的细节要省略掉，是以画面的主题和构图的需要为前提。要注意近、中、远景的变化节奏，既要有层次感，又不能变化太突然，否则会显得不协调，下笔勾线时要"稳"、"准"、"狠"，要注意用笔的连贯性，这样画面整体的关系就会有一种紧凑感，气韵效果就会有一气呵成的生动感。用线要简练明快，要与所表现场景的形象特征相吻合，笔到之处，既要画准对象的透视关系、比例关系，还要注意到整体的疏密、虚实关系。点缀人物、交通工具及家畜、家禽等，要视画面所表现的意境或气氛而定，构思、立意及画面情景根据需要增加，不要勉强添画（见图1-54）。

图1-54 步骤二

4. 统一调整（见图1-55）

调整是为了使画面在丰富、充实的基础上更为整体和谐与统一，它主要以构思、立意及对景物的总体印象为依据。画面构图是否理想，中心建筑和景物是否生动感人，疏密关系和空间层次是否恰当，强弱、虚实及各种对比关系如何等等，不足的地方把它纠正过来，保持总体印象的统一和鲜明，力求达到画面最终的统一和完整。

以上方法步骤比较适合初学者，对于有一定绘画基础和场景写生经验的同学，可省略前两个步骤，直接从局部展开画起。从局部展开画起的画法看似简单，其实很难把握，要求画者在落笔之前对画面的一切"成竹"在胸，下笔之后一气呵成，不能拖泥带水。各种画法步骤并非是一个程序化、公式化的步骤，它们常常是反复交替的，可按需所取，灵活运用整体的观察方法，思维方法才是关键。

本节重点内容提示

（1）室内与建筑场景写生的构图规律
（2）室内场景写生
（3）建筑场景写生

作业

（1）对照优秀的室内与建筑场景写生作品，分析它们各自不同的构图规律。
（2）完成以明暗为主的室内场景写生练习1～

2幅。

（3）完成以线条为主的室内场景写生练习2~3幅。

（4）完成以明暗为主的建筑场景写生练习1~

2幅。

（5）完成以线条为主的建筑场景写生练习2~3幅。

图1-55 步骤三

第五节　作品范例（素描部分）

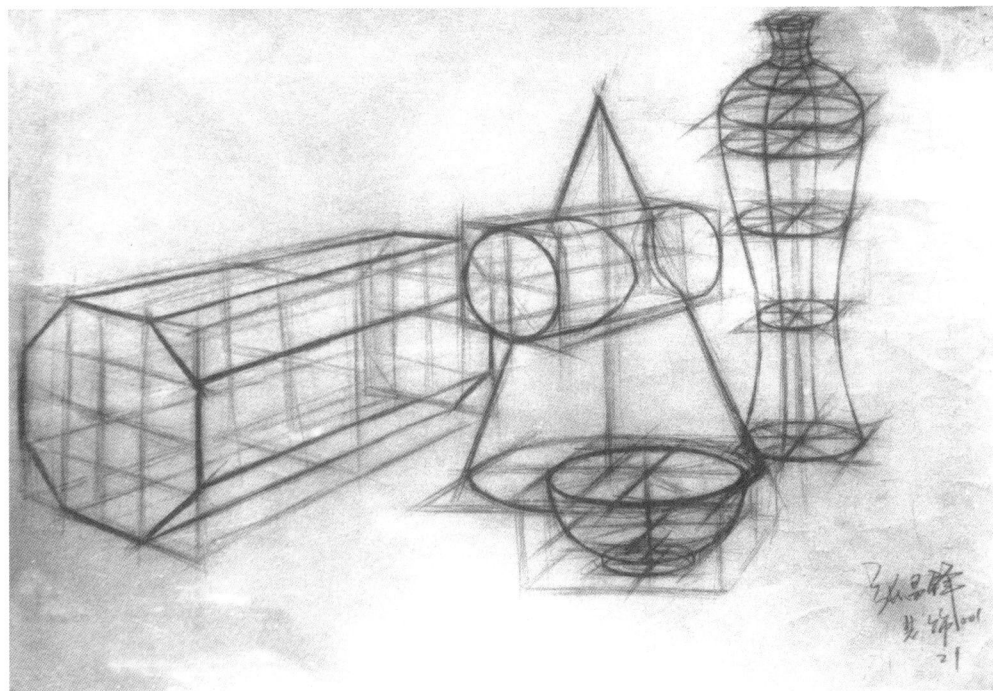

图1-56 几何体与静物组合（一）

张昌锋

图 1-57　几何体与静物组合（二）　　　　　　　　　　　　　　　李明玉

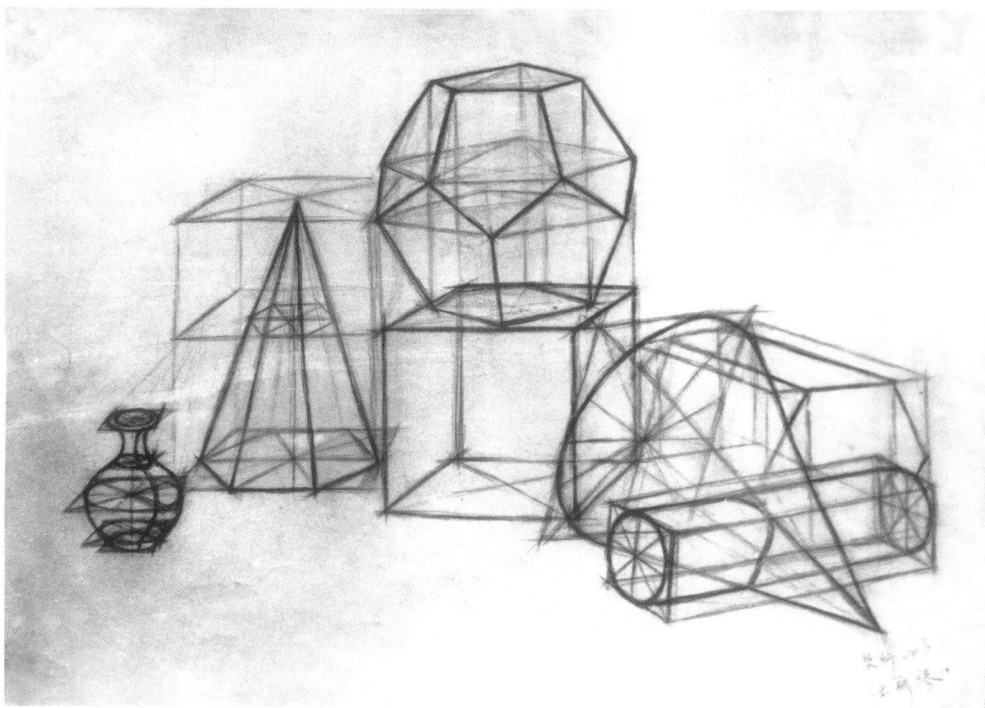

图 1-58　几何体与静物组合（三）　　　　　　　　　　　　　　　陆丽琴

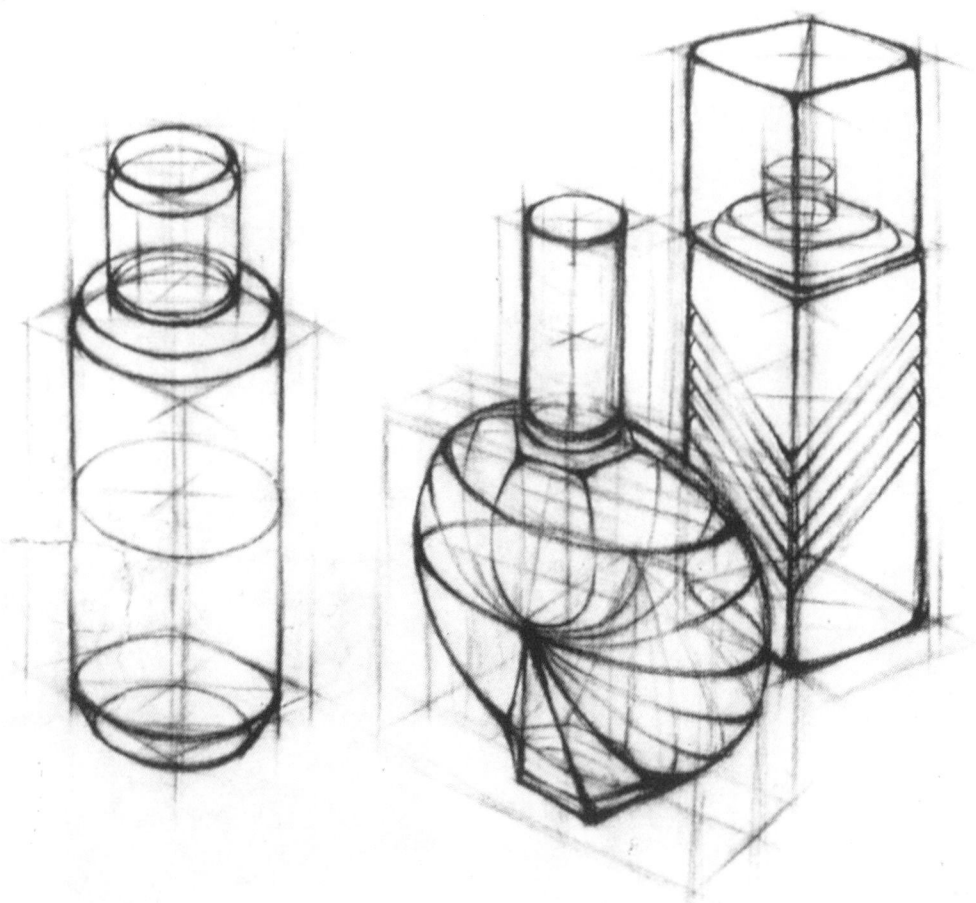

图 1-59　静物组合

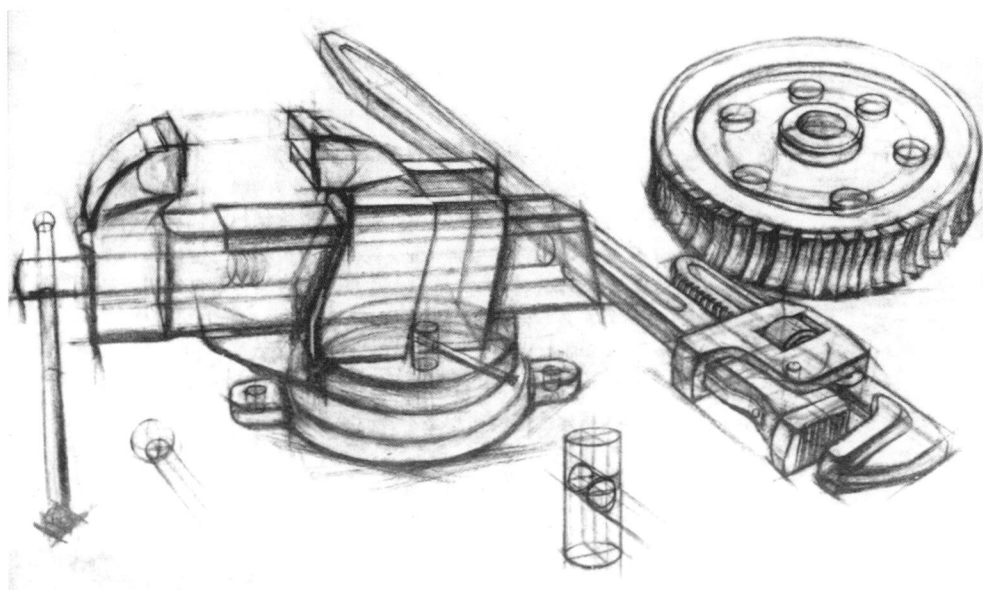

图 1-60　零件与扳手

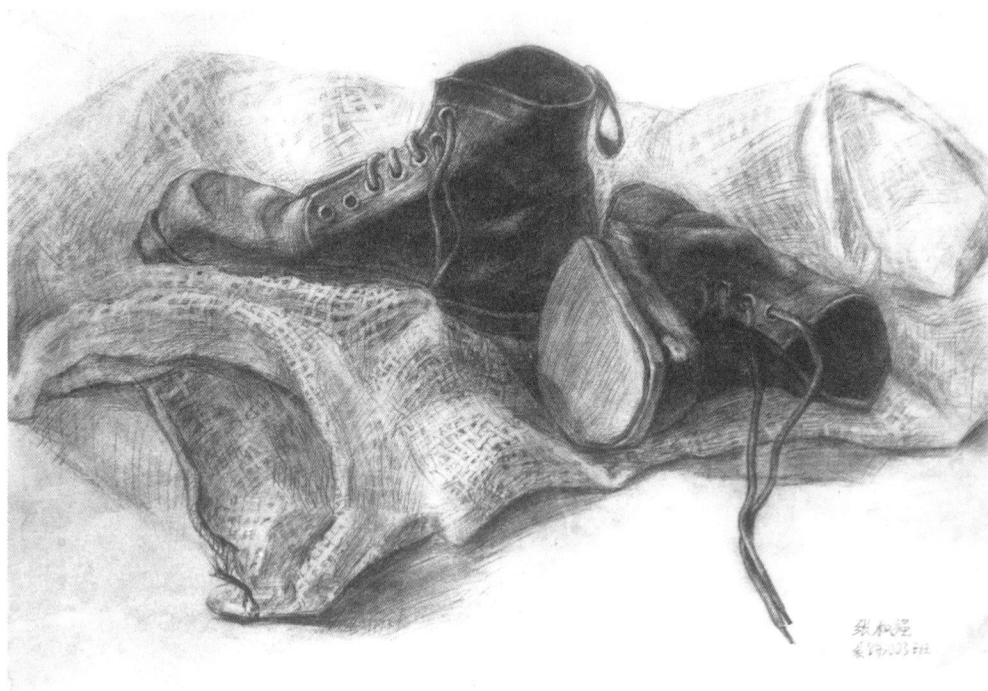

图 1-61　一双皮鞋　　　　　　　　　　　　　　　　　　张和强

图 1-62　农家趣　　　　　　　　　　　　　　　　　　　陈　立

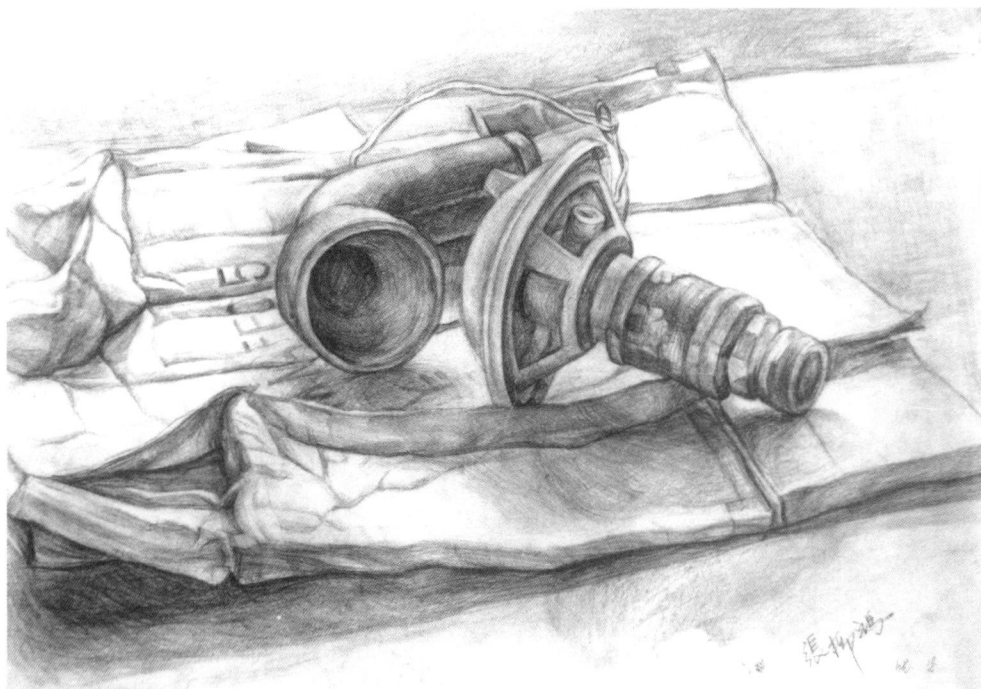

图 1-63　静物　　　　　　　　　　　　　　　　张柳鸿

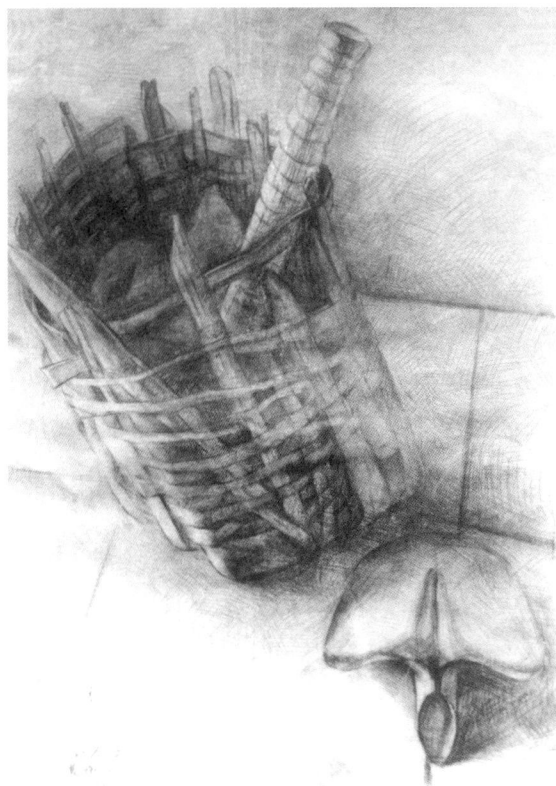

图 1-64　竹筐　　　　　　　　　江冬波

图 1—65　带黑色陶罐的静物　　　　　　　　　　　　　　　孙　淼

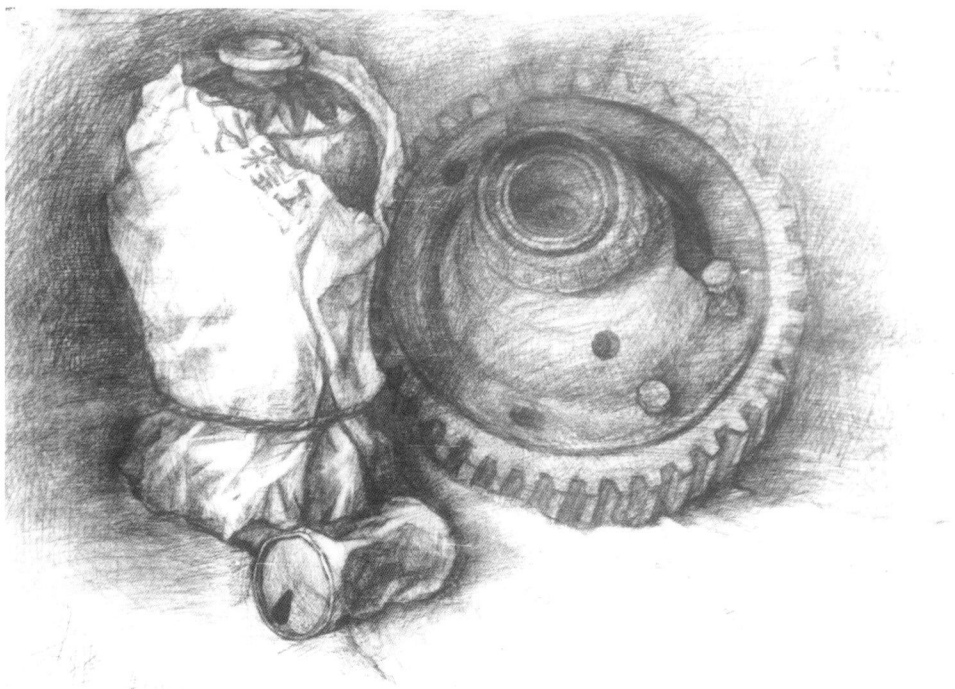

图 1—66　静物　　　　　　　　　　　　　　　　　　　　　李　鹏

图1-67 瓷器 林 昱

图1-68 静物 王 涛

图 1-69　风景写生　　　　　　　　　　　　　　　　　　　杨义辉

图 1-70　风景写生　　　　　　周　欣

图 1-71　风景写生

图 1-72 风景写生　　　　　　　　　[英] 鲁斯比利

图 1-73 风景写生

图1-74　风景写生　　　　　　　　［俄］列别杰瓦

图1-76　风景写生　　　　　　　　潘玉琨

图1-75　风景写生

图1-77　深圳招商银行　　　　　　潘玉琨

图 1-78　深圳电影大厦　　　　　　　　　　　　　　　　　　　潘玉琨

图 1-79　风景写生　　　　　　　　　　　　　　　　　　　　　刘静波

图 1-80 建筑速写

图 1-81 建筑速写

图 1-82　上海外滩　　　　　　　　　　　　　　　　　　　季　平

图 1-83　上海西郊　　　　　　　　　　季　平

图1-84 街景　　　　　　　　　　　　　　　　　　　　　姚　波

图1-85 小景　　　　　　　　　　　　　　　　　　　　　姚　波

图 1-86 广济寺山门速写 何镇强

图 1-87 广济寺中殿 何镇强

图 1-88　水乡之一   刘静波

图 1-89　水乡之二   刘静波

史济鸿

图1—90 江南水乡

图 1—91　贵州石板寨　　　　　　　　　　　　　　　　　　　　　王其钧

图 1—92　苏州河道　　　　　　　　　　　　　　　　　　　　　　　王其钧

图 1—93　小镇　　　　　　　　　　　　　　　　　　　　　　　　石　萍

图 1—94　江南石桥　　　　　　　　　　　　　　　　　　　　　　石　萍

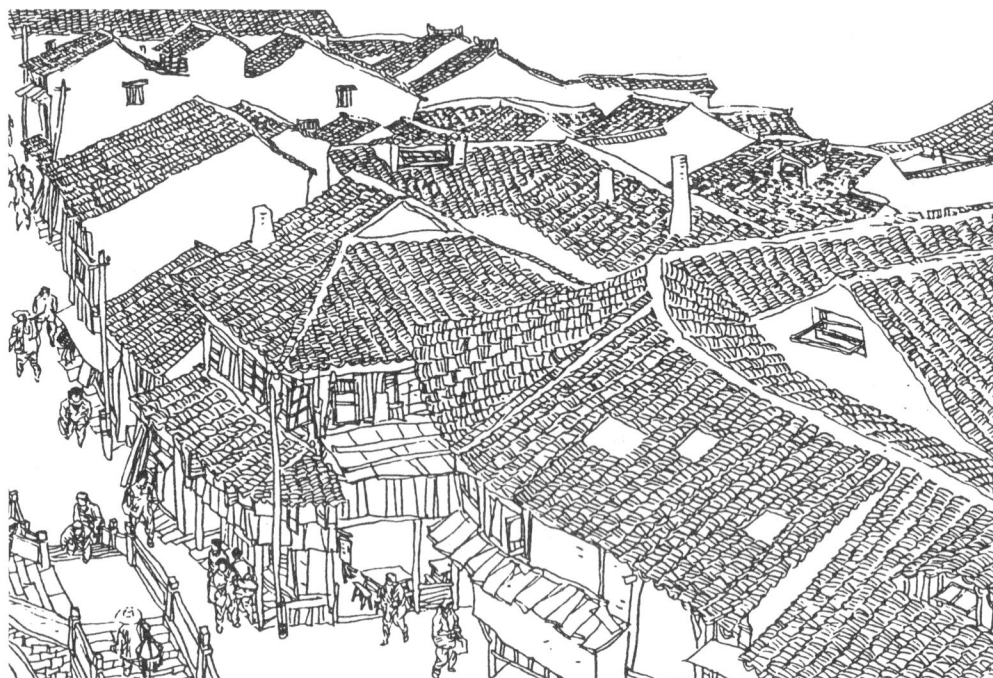

图1-95　屋面的节奏　　　　　　　　　　　　　　　　　　王其钧

图1-96　江南水乡　　　　　　　　　　　　　　　　　　　魏志善

图1—97　楼梯

图1—98　旋转楼梯　　　　　　　　　　　　　　　　　　　　　陈　方

图 1-99　室内一角之一　　　　　　　　　王其钧　谢　燕

图 1-100　室内一角之二　　　王其钧　谢　燕

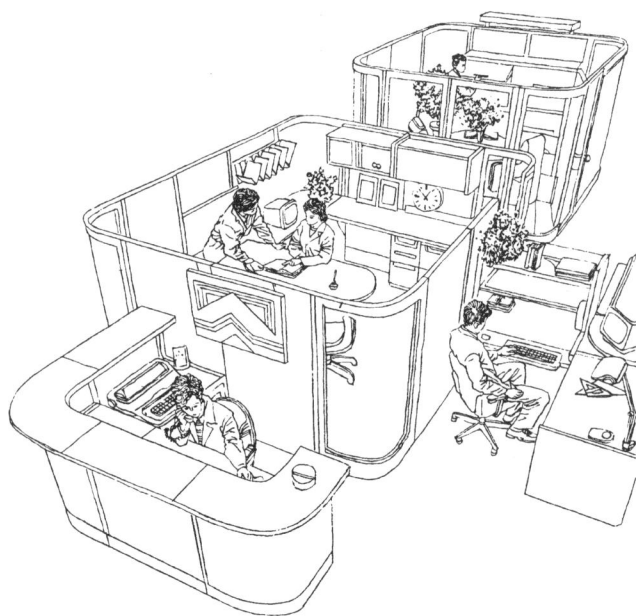

图 1-101　开敞式办公室　　　　　　　　　王其钧　谢　燕

图 1-102 居室　　　　　　　　　　　　　　　　　　王其钧　谢　燕

图 1-103 公共空间　　　　　　　　　　　　　　　　王其钧　谢　燕

图 1-104 传统家具   牛之问

图 1-105 传统民居   牛之问

图 1-106　起居室　　　　　　　　　　　　　　　　何镇强

图 1-107　毛石墙餐厅　　　　　　　　　　　　　王其钧　谢　燕

图 1—108 卧室　　　　　　　　　　　　　　　冯安娜

图 1—109 欧式卧室　　　　　　　　　　　　　李 沙

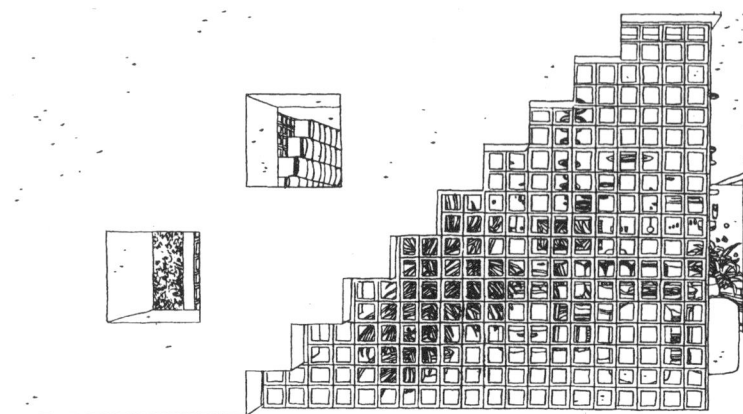

图 1—110 隔墙　　　　　　　　　　　　　王其钧　谢 燕

图 1-111　居室一角　　　　　　　　　　　　　　　　　　　王其钧　谢　燕

图 1-112　接待室

第二章　色彩

色彩存在于我们日常生活的衣、食、住、行，它作为一种最普及的审美形式，广泛应用于许多学科领域。它可使建筑及其室内外装饰设计产生很强的艺术感染力，同时也对设计方案有着很强的表现力。可以说它先色夺人的视觉冲击力是任何绘画表现形式所无法比拟的，在建筑美术中担负着至关重要的使命。

自然界的色彩千变万化，绚丽丰富，人们通过不断的研究发现，自然界色彩的产生与变化是有规律可循的，只要我们在学习理论的基础上，不断地进行实践，就能够正确地掌握这些规律。

第一节　色彩基本知识

一、色彩的形式

1. 色与光

色与光是不可分的，色彩是由光的照射而显现的。假如走进没有光亮的暗室，可以摸到物体的形状、硬或软、光滑或粗糙，然而不能知道它的色彩。是光创造了色彩的世界，没有光即没有色彩。

自然界主要光源是太阳光，物理学家牛顿用三棱镜把白色日光分解为赤、橙、黄、绿、青、蓝、紫七色光（见图2-1），人们通过雨后彩虹就能看到太阳光的这种自然光谱，这些颜色是形成大自然千变万化的基本色彩。

不同物体为什么会形成各种各样的颜色？其原理是光线照射到物体表面时，光的成分发生变化，光波与物质微粒发生相互作用，一部分色光被吸收，一部分色光被反射出来，所反射出来的色光作用于我们的

图 2-1　七色光谱

视觉，就是物体的颜色。一朵红花，主要将白光中的红色光反射出来，而把其余的橙、黄、绿、青、蓝、紫色光吸收了，所以我们看到的这朵花是红色的。物质对光有选择吸收与反射的能力，所以就形成了各种各样物体的颜色。如果某一物体较多地吸收了光，便显示黑色;若较多地反射了光，则显示淡色以至白色。由于各种物体吸收光量与反射光量比例上的千差万别，便形成了难以数计的不同深浅、各种鲜艳或灰暗的色彩。

2. 固有色、光源色和环境色

固有色即指物体本身的颜色。常说的蓝色的天空、红色的旗子、绿色的草地等，都是指固有色而言。通常情况下，固有色决定和支配着物体本身的基本色调。比如香蕉、苹果、菠萝……在受到光源和环境色彩的影响后，仍然呈黄色、红色和绿色，也就是说基本色调在任何情况下都支配着物体的相貌。固有色是我们认识色彩的第一根据。

光源色，即光的色彩。如火光色暖，月光色冷，早晨与傍晚的日光明显地倾向淡红或橘黄色，而正午的阳光一般为白色。光源色直接影响物体的色感，光源色倾向越明显，固有色便相应减弱，在强烈的光源照射之下，物体的固有色甚至消失。

环境色，即指在一定环境下，周围物体的颜色相互影响所呈现的色彩称为环境色。不同物体受光后反射出来的色光相互影响，致使物体之间色彩相互联系而不是各自孤立存在的。如一个石膏像在红色衬布影响下，其暗部凡能接受反光的部分都不同程度地笼罩上一层红色，这就是环境色的影响。光线越强，环境色的影响越显著。物体之间距离越近，这种反射的现象越明显。环境色影响的强弱，还须考虑不同物体固有色的强弱程度、反射角度的不同及物体表面质地特点等诸方面的因素。

一个物体的暗面与亮面对色光的反映是不同的，亮面反映的主要是光源色，而暗面则主要反映的是环境色。暗面的色彩最丰富，也最难处理与表现。因此，我们在作画过程中，对色彩的观察要仔细，既要考虑物体本身的固有色，也要充分考虑到光源色和环境色对物体本身色彩的影响，切忌孤立片面地对待某一种色彩。

二、色彩的要素

1. 色相

色相，顾名思义即色彩的相貌，如红、绿、橘黄、玫瑰红等名称即指色相而言。自然界的色彩非常丰富，许多色彩难以叫出它的名称，光谱中赤、橙、黄、绿、青、蓝、紫是基本色相，其他所有色彩都由此派生出来。

2. 明度

由于光的照射，物体产生明暗，色彩产生层次，色彩的明暗深浅变化即谓"明度"。一种颜色从浅到深有许多层次，如浅绿、中绿、深绿等，中间有显著的明度差别，浅绿明度较高，深绿明度较低。不同色相之间亦有不同程度的明度差异，如黄色较蓝色明度高。白与黑为色彩明度强弱的两极，趋向白色的颜色明度高，趋向黑色的颜色明度低。光的强弱、距离光源的远近、光的投射角度的不同、物体固有色的不同等，都是产生明度差别的因素。

3. 纯度

纯度即色彩的鲜艳程度，也称"饱和度"。色彩有纯与不纯之别。光谱上的七种色彩是标准纯度，色度饱满，纯净鲜明。要减低色彩的纯度可混以黑、白色或其他灰色系。将红色调入一点黑色，所得灰红较正色纯度降低，调入黑色越多纯度降低也越大。此外，用水将颜料稀释后，水彩、水粉色亦可降低纯度。纯度降低后，色彩的效果会给人以灰暗或淡雅之感。

三、色彩的混合

色彩的混合分颜料混合、色光混合与空间混合三种。颜料混合即我们作画时如何调色的问题。色光混合是光度增加的混合，空间混合指两个以上的颜色同时受光而反射，并在人们的视网膜上混合成一种新的色彩。点彩的艺术效果就是来自空间混合的表现方法。

1. 原色

原色是用以调配其他颜色的最基本的颜色，不能被其他颜色调配，其本身也不能再分解。原色有三个，即红、黄、蓝（见图 2-2）。用三原色可以混合出任何其他颜色。套版印刷技术就是通过红、黄、蓝三色版套印出色彩丰富的画面。然而在写生实践中，并非是只准备红、黄、蓝三色就够了，如玫瑰红和湖蓝是无法用其他颜料调配出来的，即使调得近似也达不到应有的纯度。在色彩学上，三原色等量相加成为黑色，这只是理论上的概念，在实践中，由于物质颜料的成分和纯度不同，这三色相调后所得到的只能是接近黑色的黑浊色，作画时，应该充分利用现有的美术颜料，可以节省调色时间，又很方便。

图2-2　颜料三原色

2. 间色

三原色中任何两色作等量混合所产生的新色即是间色。红＋黄＝橙，蓝＋黄＝绿，红＋蓝＝紫，橙、绿、紫三色就是间色。如果两个原色在混合时分量不等，又可产生种种不同的新色，红与黄混合，黄色成分多则得淡黄、中黄等黄橙色；红色成分多则得桔红、朱红等橙黄色。

3. 复色

任何两个间色相混合所得的颜色称复色，亦称"再间色"。橙＋绿＝橙绿（黄灰），紫＋橙＝紫橙（红灰），绿＋紫＝绿紫（蓝灰）。由于混合比例的变化和色彩明暗深浅的变化，使复色的变化甚为繁多。三原色按一定比例混合也可产生复色。如：黄灰＝橙＋绿＝（红＋黄）＋（蓝＋黄）＝1红＋2黄＋1蓝。

4. 补色

补色又称互补色、余色。在色环上，以圆心为对称点的两相对者为补色。如：红与绿、黄与紫、蓝与橙（见图2-3）。

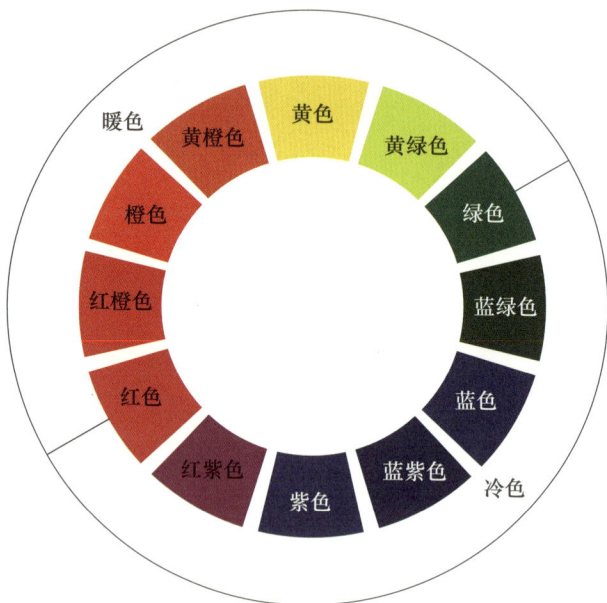

图2-3　色环

5. 调色时应注意的几点

（1）在调色实践中，须慎重对待对比色的混合。对比色相混容易产生缺乏色彩倾向的污浊色。但是，我们可以利用它调配灰性色彩，如调灰绿色，将绿加少许红色，即会出现较沉着的灰绿色。

（2）类似色由于含有共同色素，两色混合后色彩倾向明确，不易灰脏。

（3）画面上需要鲜明的色彩，可以直接用现成的颜料，尽量减少混合次数，以保持应有的纯度。用过多的颜料调来调去，只能得到脏污之色，大多数色彩用两三种颜色即可调出。

（4）颜色的混合主要在调色盘上进行，但有时也可在画面上进行。如水粉画、油画可以直接在画面上揉混；水彩画的渗化或层层涂色同样能产生色彩的混合效果。

调色的技巧来自实践。如同钢琴演奏者以有限的键盘熟练地弹奏音色丰富的曲调一样，画家用有限的颜料绘制出色彩优美的作品，都是长期实践的结果。

四、色彩的变化

1. 色彩的空间透视变化

空间透视变化是一切造型艺术所遵循的基本规律。因为人的视觉能按近大远小的透视原理来反映物体距离的远近。在一组静物中，两个同样大小的苹果，因离画者距离的远近不同而产生不同的视觉感受，放在前面的就会觉得大些，而放在整组静物后面的，就会感到小些。色彩也有透视变化的规律。近的暖，远的冷，近的鲜明，远的模糊。一切物体不仅形象特征随着空间距离的增大而发生变化，色彩关系也随之逐渐削弱，这就是空间透视变化的基本规律。如果违背这一规律，把远处的各种物体画得色彩鲜明强烈，就失去了基本的空间透视效果。

人的视觉在一定距离限度内，可以看清物体的形象和色彩特征，超越了这个限度，也就逐渐变得模糊不清楚，这是人的生理因素所决定的。

在客观上由于地球大气中含有微小颗粒，并有许多灰尘、水蒸气等杂质，看上去这个空间近似透明，其实并非如此。我们透过空间来观察物体的远近，其轮廓的清晰与模糊、色彩的鲜明与灰淡都会因为空间的成分而发生变化。所以，我们在进行色彩静物写生时，对色彩的空间处理要特别注意研究色彩空间透视的变化规律。

2. 色彩的冷暖变化

物体的色彩关系，其实就是"冷暖"关系。我们在光的帮助下，看到了物体的形状和固有色，物体由于受光而产生明暗的变化，呈现出立体形状，出现深浅不同的色彩，也是由于光才产生了环境色的相互散射，各种冷暖不同的色彩互相辉映和交流。但应该指出的是，光源的冷暖对自然界色彩的变化起着非常重要的作用。在有色光线照射下，一般在"暖色"光线下的物体，其亮部呈"暖色相"，这时它的暗部就呈"冷色相"。在"冷色"光线下的物体，其亮部呈"冷色相"，而它的暗部则呈"暖色相"。如果色光的冷暖不明显，就应按照两色光的强弱来分。一般情况下，

早晨和傍晚的日光、灯泡光、火光等为暖光，中午的阳光、天光、白炽灯光等为冷光。

为避免理解冷暖上的绝对化，还应明确在"冷色相"的范围里，常会出现"暖色相"的细小部分。在"暖色相"的范围里，也常常呈现"冷色相"的细小部分。形成色彩冷暖的你中有我、我中有你的丰富变化。但冷色相以冷为统治色，暖色相以暖为统治色，不能冷暖两大色系互相混淆，明暗也是如此。

物体的明暗交界线在色彩关系上是"冷暖"交界的边缘。而"高光点"的色相，是光源色的直接体现。

3. 补色原理的运用

在黄色纸上写标语，由于黄色的刺激，写字的手看来倾向紫色。我们观察红纸上的黑字时，会感到黑字趋向绿色。这就是补色现象。物理学告诉我们补色的原理即眼睛疲劳是由于某种颜色引起视觉感细胞的紧张状态，要求在相反的颜色里找到休息，获得视觉的平衡。例如：将一个灰色片置于一个面积大于它的红色块当中，我们会发现，灰色片便带有一定的绿色倾向。显然，我们的眼睛看了红色之后要求看绿色，因为红色与深浅适度的绿色配合，会使眼睛舒服。

不同颜色相邻近，在人们的视觉上会感到各自都向对方的补色方面发展，如蓝色同黄色并列，黄色好像掺入了橙色成分，蓝色好像掺入了紫色成分。人的眼睛总是看到暖色时也会看到冷色，看到一种颜色，便同时引起对其补色的感觉。绿色物体衬以灰色背景，灰色背景似乎有玫瑰红色。由此可知，纯度较高的颜色周围的灰性色彩必定趋向高纯度颜色的补色倾向。当描绘高纯度的色彩时，自然地在其周围画出它的补色，或在背景、或在暗部、或在周围固有色不明显的物体上。

理解补色原理有利于看准色彩，大胆使用颜色。一般在光源色明显时，补色关系亦明显。如秋天金黄色树叶空隙透出天空或环境的灰色带有紫味倾向。当我们把一笔笔颜色涂到画面上的时候，实际上并不仅仅是对画笔所接触的部分着色，同时也是在进行着色

彩的补色工作。写生或进行设计方案的表现时，运用的色彩只要符合色彩的变化规律，用色大胆夸张一些会使画面色彩感更强烈，并不会失去色彩的真实感。表现早晨、傍晚、灯光、火光的场景，在其暗部大胆使用受光色彩的补色，不仅冷暖关系正确，色彩气氛也丰富活跃。如把暗部画重了，画面色彩会单调沉闷。处理色彩关系也应适度，或强或弱，如果矫揉造作，便会失去色彩的真实感觉。

五、色彩的观察与表现

1. 整体观察

自然界的物体包罗万象，客观的色彩关系又是千变万化，错综复杂，而绘画则要用眼睛来整体地反映客观物体，这就需要有一个正确的观察方法，即要整体的观察和反复比较，从纷纭错综的自然物体和色彩中，找出其客观规律性。这种规律亦即自然界的辩证规律，要用辩证的方法观察物体和色彩，分清物体色彩中整体与局部、主要与次要、必然与偶然、本质与现象等矛盾的对立统一关系，才能正确地反映客观世界。

在整体与局部的关系中，一切物体的局部都应服从整体的要求。绘画过程也就是由整体到局部，再由局部回到整体的过程。这就是说，在观察表现对象的时候要从整体出发，做到胸有全局，把握规律，作起画来又要从局部入手，深入刻画，最后再回到整体把握上，对画面做进一步的整理。观察色彩也必须从整体着眼，然后进行局部的分析，最后又回到整体上。要特别强调的是，在深入细致的研究分析每一个物体的色彩特点时，要牢记它们之间不是孤立的个体，而是相互联系、相互制约的整体。局部的色彩再错综复杂，变化多端，也不能影响和破坏整体的大的色彩感觉和色彩关系。反过来讲，又不能只顾整体的统一而忽略了局部的变化。比如，我们确定一个花瓶的色彩，花瓶是蓝的，画在花瓶上的苹果是红的，这是总的固有色的感觉，并不等于它们本身

除了蓝、红之外，就不含其他色彩了。恰恰正如前面所讲的，色彩的要素和规律给物体赋予了错综复杂的色彩变化。即使如此，花瓶给人的感觉仍然是蓝的，苹果是红的，而不该是别的颜色。如果把它们看成是单纯的蓝和红，而忽略花瓶本身在特定空间环境中的存在效果，就等于取消了色彩存在的基本因素，这是不符合客观规律的。

在观察色彩时，孤立地看某一物体或某一色彩是一种错误的观察方法，是绘画最忌讳的方面。初学者在作画过程中，往往死死盯住物体的某一部分或某一局部，不把观察的部分与其他部分做任何联系，被动地照抄局部的一些偶然现象，这种观察方法最容易被顽固的固有色观念所左右。固有色观念是在孩提时代所形成的一种认识色彩的方法，这种方式来自见红涂红，见蓝抹蓝，而很少考虑色彩、光和环境引起的变化，也很少与周围的物体比较联系，缺乏空间意识。要想克服这一点，首先要改变头脑中的固有色观念，改变孤立的观察方法，改变一下观察色彩的角度，把色彩形成的诸因素联系起来，做到全面、整体地把握色彩。

作画时，需要画者的眼睛对所要摄取的对象不断地巡视、检查、对照，由此及彼，由表及里，从这一面移到那一面，又从那一方移到这一方，一会眯起眼睛去感觉总的色彩关系，一会又瞪大眼睛去分析局部的色彩变化，把眼睛训练到对色彩变化非常敏感的程度，那么就能做到比较深刻、准确、整体地反映物体丰富的色彩变化。

2. 比较鉴别

比较的方法是观察色彩的重要手段之一。严格地讲，一切色彩的变化都是比较出来的。没有比较就难以准确的鉴别各种微妙的色彩世界。自然界中各个物体的色彩千差万别。有差异就有矛盾，而矛盾的双方在对立与统一中求得存在。如红花与绿叶的相互辉映，没有红花就难以强化绿叶的绿色，反之亦然。

色彩的对照与区别主要有三种因素，亦称之为"九比的方法"。

从色相上：有冷与暖对比和暖与暖的对比以及冷与冷的对比。

从明度上：有明与暗的对比和暗与暗的对比以及明与明的对比。

从纯度上，有纯与灰的对比和纯与纯的对比以及灰与灰的对比。

3. 提炼概括

艺术创作需要有一个提炼概括的过程，写生也不例外。提炼概括是指在认识和把握对象的基础上，根据需要对物体进行取舍、加工和整理，从而达到艺术的完美统一。自然物体的形和色复杂繁乱，完全照抄对象不是艺术所追求的，画水粉静物写生亦是如此。绘画艺术之所以不能被摄影所代替，就是因为绘画有对表现自然更为主动的语言。绘画可以大胆地舍去物体次要的、偶然的、非本质的东西，并提取主要的、必然的、本质的东西。一组静物从原物到被搬上画面，其过程有作者认识自然的一个主动程序，同时通过自己的理解、提炼、概括，能动地进行加工表现。

另外，自然界的色差很大，从黑色的绒布到白色发光体，水粉颜料本身难以达到黑暗和光亮程度。这就要求作画者必须按照物体本身呈现的明暗比例关系进行编排概括。只有正确地把握了这种色彩明暗的比例关系，才能给人以同原物体相同的明暗感觉。

本节重点内容提示

（1）色彩的要素
（2）色彩的变化
（3）色彩的观察与表现

作业

（1）色彩的要素指的是什么？
（2）色彩冷暖变化的规律是什么？
（3）结合自己画色彩写生的体会，谈谈在培养正确的观察方法方面存在哪些需要纠正之处。

第二节 水粉静物写生

一、基本技法

水粉静物写生在作画过程中很讲究技法，这包括准确地调色，巧妙地运笔，水分的控制及对色彩干湿变化程度的判断等等。技法只是一种手段，应灵活机动，因画而异，其目的是使画面达到表现物体的最佳效果。

1. 干画法

干画法就是颜色多，水分少的意思。调色时不加水或少加水，使颜色成一种软膏状，其画法像油画。这种画法运笔比较涩滞，但刻画物体具体、坚实、生动，笔法效果肯定、明确。缺点是物体轮廓、笔触之间、远景、暗部难于含蓄，过于生硬。因此应在画面完成第一遍色湿画法的基础上先深后浅，从大面到细部，一遍遍的覆盖和深入。亮色物体和物体的亮部要不断的调入白粉来提高亮度，这样色彩的鲜灰、深浅的对比就比较明确。此画法干后颜色变化小，利于练习色彩。但干画法感觉物体形体刻板。

干画法的主要技法有：

（1）平涂法：是一种涂色最基本、最常用的表现技法，各类画种都适用。例如民间年画、油画、水粉画、水彩画等等。此画法需在作画前，对色彩的明暗关系心中有数，落笔才能肯定、准确。不能反复涂改，用水量要适当，否则颜色流动不匀。

（2）层加法：此画法与素描表现相似，逐步深入刻画对象的形体、结构及色彩的细微变化。适合表现画面的重点部分、近景及受光部分。

（3）接染法：表现色彩的明暗或色彩的渐变时，使两色在水的作用下自然衔接，出现自然的色彩层次变化和渐变效果。它是最具有经验和技巧型的画法。对水分多少的控制和时间的把握尤其重要。

（4）枯笔法：此画法是利用笔含水较少，在较粗糙的纸上快速运笔，在画面上产生飞白的效果。它适合表现质感粗糙的物体，其效果生动、活泼。

2. 湿画法

湿画法与干画法相反，是色少水多。画法与水彩相似。此画法滋润柔和，可以使形体与色彩结合得非常含蓄自然，尤其适合表现画面的远景、虚部和物体的暗部以及天空、平静水面的倒影。湿画法较难掌握，但它的水色交融、痛快淋漓、浑然一体的生动韵味是其他画法难以比拟的。湿画法的不足是，感觉物体结构松散。

其主要技法有：

（1）湿接法：颜料含水较多，趁湿接画而成，颜色相互渗透浸润，便会产生丰富微妙的色彩变化，适宜表现云彩、水果等。

（2）晕染法：通过渲染使色彩产生渐变的效果，此画法适宜表现画面的背景、天空。

（3）湿叠法：是趁第一遍色未干，画第二遍色，第二遍色含水要比第一遍色含水少，以保证不损坏原来画面的表现效果，此画法适宜表现物象暗部。

（4）沉淀法：色彩混合时，用水较多，在纸上宜出现水色分离、沉淀的效果。多数不透明色都能产生沉淀，表现迷茫的景色以及画面的背景均可以采用此画法。

3. 常用笔法

（1）涂：首先将颜色加水调稀，用笔饱蘸颜色并大胆地涂到画面上。此法在上第一遍色时用得较多，宜于表现静物大面积的背景，投影及含糊不清的暗部。要淋漓尽致，趁湿衔接。根据画面需要，可先涂一层冷色，干之前再画一层暖色，可使画面丰富起来。先画一层暗色，未干之前再提一些光亮颜色，使之效果含蓄，色彩富有变化。但涂抹不宜用色太厚或遍数过多，过分地涂抹会使画面变腻、变灰。涂的目的只是为了快速地画大面积色彩。以尽快抓住整体感觉，明确大色调，为进一步深入打下基础。

（2）摆色块：在纸上蘸色，一笔一笔地塑造形体的变化。用显著的笔触在画面上自然连接，要求笔笔见效果，块块求变化。此法用于亮灰面和结构转折清晰的部位。其表现需用笔肯定，笔触结实有力。

（3）点：此法多用于画小幅画或物体的细节。如画花卉中的细小花叶，物体上的亮光等等，都可以用此法处理。

（4）勾线：按照形体的结构及轮廓，勾勒出富有轻重、刚柔的线。水粉的勾线不同于国画的线描，它在勾勒的时候，要考虑到体积和明暗，每一笔都要勾出强弱、粗细的结构变化，增加物体的体积感。勾线不是画水粉画的主要用笔方法，一般只是在起轮廓或强调某些关键的部位时才可采用。

（5）干扫：指笔干色干，一挥而就的用笔，要求下笔准确。在画粗糙的物体及景物交接处使用。扫笔多在画面即将完成时使用。有时为了增加画面厚重和层次感，破一破画面的死板，进而用来调整画面。

（6）擦：两块颜色之间如衔接不好，在颜色未干之前，用清水把笔洗净，挤干笔头上的水分，用笔尖在两块颜色中间轻轻地擦一下，达到自然衔接的目的。

（7）干压：对于画面中单调的败笔，用较稠的颜色覆盖，此法多用于修改和丰富画面。

（8）破峰：用散开的枯笔，画一些粗糙、破碎和松散的地方，也能出现一些特殊的效果。

以上介绍的几种用笔方法，一般更多采用的是"涂"、"摆色块"和"干扫"，初学者应根据画面需要灵活选用。另外，尽量用较大号的笔来作画，较大的笔具有一定的概括力和表现力。当然，这是相对而言的，画一些细小精致的部位，也要用小笔才顺手。作画过程中用笔没有具体的规定，因人而异，笔和技法都是人们在绘画实践中创造出来的，有些画家画水粉除用画笔外，还利用海绵、竹子等软硬不同的工具来作画。使用这种特殊的工具作画，有时会产生新颖独特的效果，所以在用笔方法和技巧上，既要继承传统，又要不断地创新，在绘画实践中探索出适合自己的、得心应手的表现方法。

4. 质感表现

在静物质感的表现上，不同的物体也有不同的表现技法。

一些比较粗糙的物体，如陶罐、粗布等，它们没有强烈的高光点，也没有过强的反光，受环境的影响不大，就可以先画一层薄而较重的色彩（指比实际观察的色彩要重些），然后用较淡颜色的干笔扫出物体的粗糙效果。

一些坚硬、光滑的物体，要考虑它们的反光、受光和对环境色的反映以及其严谨的结构。如瓷瓶，它的感光强，暗部有明显的反光，易受环境色的影响，亮部的高光明显突出。可用湿画法画暗面，表现得虚些，在似干未干的情况下接画中间层次，用干画法画其亮部，要求用笔肯定、准确、生动，通过深入细致的刻画，充分表现它严谨的结构和光滑的质感特征。

对玻璃物体，要充分考虑它的透明性、透光性、光滑度。一般情况下，玻璃物体在画面上最后处理，它的背后物体，衬布等都画完以后，用比较干润的颜色，按其结构特征，适当地刻画一下它的背光部、受光部及在环境中的反映，对高光的处理要准确、细致、干净、利索，决不能拖泥带水。画玻璃瓶的瓶口及瓶底的边缘要色彩准确，用笔自然，充分反映它的结构变化特征。

在表现一些柔软的物体时，结构不能画得太生硬，一般多用湿画法或半湿半干的画法含蓄地刻画。

一些鲜嫩的、色彩明快的物体，要画出它的润泽感和明快感，比如，画一束花，要先用湿画法，从整体入手，画出花的大感觉，再分别用干湿结合的手法来表现花的正反受光、背光等变化，最后再从光线、环境、虚实、远近的角度来考虑，集中深入刻画最前面且突出的几朵花，并通过比较、观察，把握好整体与局部的关系。

二、着色方法

着色的方法是多种多样的，它可按照不同对象、不同明暗、不同空间、不同色彩和不同冷暖部分所占的面积来处理。着色的部位没有死板的规定，多是按照画面需要而灵活掌握，选择最佳部位下笔。下面根据水粉画颜料的性能和特点提供几种着色方法：

（1）从亮部开始着色。

（2）从大面积的主要色彩开始着色。

（3）从中间调子开始，向深浅两极发展。

（4）从背景的远处开始，由远向近拉着画。

（5）从最暗部开始，过渡到中间色，最后画亮面和高光。

从亮部开始着色：此法接近水彩画法。（水彩作画基本是从亮部画起）。水粉作画采用此法益少弊多，一般不采用。个别地方偶尔用之，故不作过多介绍。

从大面积的主要色彩画起：这种方法比较常见，如画大面积的物体或是大面积的背景，有一种主宰画面调子的色彩，可先把这大面积的色块画上去，从大局部到小局部最后到整体。这种着色法容易把握画面的调子和整体感。

从中间调子画起：物体的中间调子是体现物体固有色彩最为明确的部位，一幅好的写生作品，除黑白分明的关系外，中间调子的范围大有刻画潜力，它多处在亮灰面和暗灰面部位，其明暗差别细腻，冷暖变化微妙，是绘画重点追求的色彩。如一幅画缺少中间调子，就会使用画面生硬和单调，而增加中间调子的变化会使画面柔和自然。

了解中间调子的作用之后，写生时可以在物体的黑白两极的对照中，确定中间调子的基本色相和明度，使其逐渐向着各自的深浅调子过渡，这种过渡越充分、越细腻，明暗两调子过渡得就越自然、越深入，画面就越接近完美，最后再画上最暗的部分和高光，画面也就完成了。

由远向近的画法：此步骤从背景上部下笔，力求衔接自然一遍完成。背景画完后，紧接着画物体的暗部和投影，争取趁湿与背景的虚面自然衔接。在画物体暗部时，最好保留亮部的白纸部分，以求画面明暗对比。接下来用较薄的颜色来铺一遍近景的周围环境，上色要略重一些，以此达到画面色彩的整体呼应，这一步也是为下一步的丰富与提亮打基础。在这个基础上便可以顺利地展开校正色彩和刻画主体的工作。这种由上到下，由远到近的画法有许多长处，它能够明确拉开远中近的三个空间层次，能够使物体由远而近地自然衔接。尤其是画背景多采用湿画法，有时在湿画中流下来的水和色，在画中景和近景时便可得到覆盖和收拾，并很容易获得干净利索的画面效果。

从暗部开始画起：这是一般人更多使用的着色方法。它的从暗过渡到灰和亮的着色步骤，画者容易掌握，也便于把握整体，使画面稳步完成。就色彩来看，画面暗部的颜色既要求暗下去、又要求有透明感和色彩感。而水粉画的暗部则更难处理，往往在趁湿时画好才能产生含蓄而深沉的效果，因此，从暗部开始画起是水粉画着色的最佳方法。一般的步骤为：先从最暗的地方下笔，逐渐把色彩引向中间调子，然后向亮部刻画，最后提高光并完成画面。

画暗部一定要控制使用白粉，一般不用或少用，但有时为了提亮暗部的结构与反光，可以借用其他淡色来代替白粉，如使用黄色、绿色等来调配暗色一起使用，如使用过多的白色调，暗部色彩的变化则会使画面产生粉气、干燥，缺乏透明感。当然，每个人作画的习惯不一样，组织画面的能力也有差别，比如有些人喜欢追求淡雅明快的高调子，需要提高色调的明快度，所以暗部也不能很重，这时就需要加入少量白粉，以此来提高画面的光感。因此作者要根据自己的习惯，控制和把握色彩对比关系，只要尺度掌握得好，就会使画面产生不同的情调。

需要强调的是，物体暗部的面积越大，就越应该高度重视它的着色。尤其是在逆光情况下，由于暗部处于模糊不清的状态，所以在色相上变化也不明显，但是暗部色彩是比较复杂微妙的，有经验的画家在处理暗部色彩时，有意强调色彩倾向。因此，只有符合画面的色彩表现规律，才能把暗部画得生动自然。

三、写生步骤

1. 超稿（见图 2-4）

当构图确定之后，可以用单色（群青、褐色、绿）画出大的形体关系和明暗关系。很多画家并不把起稿和着色分开，起稿的过程也是上色的过程。起稿一定要严谨认真，反复校正形体的结构及整体的比例关系，使画面各局部逐步趋于准确，并统一于整体之中。

图 2-4 步骤一 姜 丽

2. 布置色彩关系（见图 2-5）

这一步就像音乐的定调，也是画面色彩的序幕，前几笔色彩上得准确，就会给深入刻画打下良好的基础。这就要求画者要胸有全局，从整体着眼，以敏锐的感觉，把握画面的整体。在布置色彩关系的同时，要高度重视静物的背景和暗部。背景往往在一幅画中占有较大面积，它有着衬托主体和活跃画面空间的重要作用。而背景既需要色彩丰富又需要含蓄微妙，这在技法处理上有一定的难度。上色时应尽最大努力争取在色彩湿润时画出它们的色彩变化，力求一次完成。布置色彩关系时，物体的亮面不要急于深入刻画，有些浅色物体的亮面可留空白，待整体色彩布满画面，再进一步深入刻画。

3. 深入刻画（见图 2-6）

在获得恰当的色彩关系的基础上，进一步的工作是从主体物着手塑造形体，这是一个由粗到细的过程。在求得物体整体感的情况下，有些物体需要进一步刻

图 2-5　步骤二　　　　　　　　　　　　　　姜　丽

画。强化主次、虚实、强弱、粗细等对比关系，强化主体物的跳跃突出，使画面达到一种既有大刀阔斧的处理，又有精致入微的描绘。

4. 调整统一（见图 2-7）

一幅画画完整了，需放到一定距离进一步地揣摩、比较，从整体的角度加以调整。画面是否画过了或者画得不够，颜色不准或画中某些局部的败笔都需在这一阶段解决，并且，削弱与主体物竞争的部位，使整个画面的冷暖、明暗、主次、虚实，达到完美、和谐、统一。

图 2-6　步骤三　　　　　　　　　　　　　　姜　丽

本节重点内容提示

（1）着色方法

（2）写生步骤

图 2-7　步骤四　　　　　　　　　　　　　　姜　丽

作业

（1）用水粉完成较简单的静物组合色彩写生练习 1～2 幅。

（2）用水粉完成较复杂的静物组合色彩写生练习 1～2 幅。

（3）用水粉完成以石膏几何体或石膏柱头为主的组合写生练习 1 幅。

第三节　色彩场景写生

建筑美术的场景写生主要是以建筑为中心，以天空、大地、树木、人物等为配景的风景写生，它不仅仅只是研究建筑物色彩和周围环境色彩的协调关系，更主要的是为了掌握室外光色的变化规律以及对建筑物与周围环境的表现技法，为以后绘制设计方案表现图奠定基础。

一、基本知识

在室内画静物写生时，光线比较稳定，对象可以随意布置，时间可长可短。但室外场景的光线变化很快，色彩又很复杂，如果不了解其光色特点，不掌握其色彩的变化规律，则难以表现，需要事前多做研究。

（一）室外光色的表现

室外景物受阳光直接照射，或者阳光被云雾遮蔽后的间接照射，较之室内光线要强烈得多，色彩也较室内明快，即便是暗部也有天光及环境的反射，色彩是很透明的，只是同强烈的亮部对比时，才觉得色彩深重。

室外景物的受光面笼罩着阳光的色彩，暗部向上倾斜的面受天光色彩的影响，向下的面受着地面和周围景物的影响，垂直的面同时受天光、地面和周围有关景物的反射影响。在光源色明显时，是亮部暖、暗部冷，特别是在早晨或傍晚阳光照耀的情况下，冷暖关系更为明确，亮部呈现淡红或橘黄色调，暗部则由于补色关系、天光的反射和空气的影响而明显地倾向冷调。在光源色不明显时，要进行具体分析，如中午强烈的阳光或盛夏烈日当顶，阳光倾向冷白色，致使景物的受光面好像被漂白了一层，给人感觉倾向冷味。暗部相反，接受较强地面光的反射，暖的透明而响亮。光线越强烈，暗部越透明，色彩感越强。

阴天时的景物，其明暗对比则明显减弱，调子较灰，无明晰的阴影，而物体固有色显得突出。

（二）室外场景的色彩透视规律

空间感是场景写生的重要因素之一，这种空间感的形成，除了景物的透视关系外，主要是由于空气的笼罩而产生的色彩透视，故也称为空气透视。

空气并不是无色透明的，空气中含有水蒸气和尘埃，它是有色、半透明的。晴日空气澄澈，浓雾天气景色模糊，海洋性气候的地区空气清新，这都造成空气色的不同。同一时间和地点，顺光景色受空气色影响小，逆光景物空气色影响明显。在一般情况下，近处清晰，越远越模糊；近处色暖，越远越冷；近处色纯，越远越灰；近处固有色明显，越远越减弱。

（三）各种景物的表现

风景画中各种景物的表现都有一定的方法和规律，要仔细地观察、不断地实践、寻找规律。

1. 天空

（1）万里无云：天空笼罩在整体统一的天蓝色调里，但有上下、左右的色彩深浅、冷暖变化，可用晕染方法画天空。先用大清水笔将纸刷湿，再将笔饱蘸颜色，从纸的左上角向右、向下画，越向下颜色越浅（见图2-8）。

图2-8 万里无云　　　　　　　　张然彧

（2）晴空少云：天空上下的深浅颜色变化较大，偶尔有几朵云彩飘在天空，天空可用晕染法；云用两种方法画，一是留空法，周围颜色没干时，趁湿把云接画出，注意云彩周围颜色与天空颜色要虚接（湿接）；二是与天空一起画下来，底色在半干时，可用比底色多水少的笔，根据远近不同变化，略加云彩。如果掌握不准色和水的变化，会出现水渍，但水渍运用恰当也可产生极富情趣的画面效果。

（3）乌云与积云：画乌云要注意云彩的远近层次，近处画大块乌云，远处点缀小块乌云，有助于表现天空的层次感（见图2-9，图2-10）；积云的体积感较强，注意画亮、暗面和反光（见图2-11）；一般云的

图 2-9 乌云（一）　　　　　　　　张然彧

图 2-11 积云　　　　　　　　张然彧

暗部与天一同画出，而且要湿画薄画，这样衔接自然，后画云的亮部。

2. 地面

要在画面上表现出深远的空间，就要加强空间效果。其一是色彩上远冷近暖，比如地面较平坦，没有可利用加强空间的物体，就要用色彩由远及近的变化画出空间效果。其二是形体近大远小，比如画草地，远处笔法概括，可画成一片，近处笔触大，可画些草的层次，画草还要有疏密、高低、起伏关系，近处色彩的冷暖、纯度和明暗对比也较强（见图 2-12）。

3. 树

要观察树冠外轮廓的基本形，把握它大的体积感，如锥形、多锥形、半球形、球形、多球形、椭圆形、横向多椭圆形、竖向多椭圆形。树冠上的每个基本形都有明暗面的变化，由于树冠表面树叶的高低、凸凹、参差不齐，所以阴影和明暗交界线的变化较复杂，一

图 2-10 乌云（二）　　　　　　　　张然彧

图 2-12 草地　　　　　　　　　　　　张然或

般在突出的地方刻画树叶的特征和质感，其他地方按大体明暗画大调子，各基本形的边缘要虚画，表现一些叶子的质感（见图 2-13，图 2-14）。

4. 水面

画水面主要分远、中、近三个层次来表现水面色彩的变化（见图 2-15）。大笔概括画远水，远水在色彩上受天光影响多，颜色过渡较柔和。近水笔触相对大一些，颜色纯，高光处可留些飞白。画水面浪花也要注意层次，主要刻画第一层有代表性的一二个浪花，浪花的明暗、投影和体积感要分明，要依照水波纹高低、起伏的明暗变化来表现，后面浪花要越远越小越虚。

5. 建筑

（1）建筑民居

主要体现不同建材、不同造型特征和不同色彩的表现，例如：屋顶的瓦有筒瓦顶、板瓦顶、青瓦

步骤（一）

步骤（二）

步骤（三）

图 2-13　水粉画树步骤

顶等。墙面有乱石墙、粉墙、红砖墙、土墙、清水墙等等。表现方法要按虚实空间、远近层次画，先画暗部形体和投影，然后画受光亮色，要根据不同形体结构特征和疏密关系，勾画出瓦沿、墙缝、砖缝。屋顶和墙面交界处要重点刻画。还可画些矮墙、石阶、草堆，以增强生活气息（见图 2-16）。

（2）古代建筑

典型的中国古代建筑具有梁柱式木构架结构特点。黄瓦红柱是它的色彩特征，其色彩对比强烈，色相纯正。如果在晴朗的天气，明暗对比尤为突出，柱子的前后层次要表现得清晰分明。画瓦要注意透视变化，檐下的斗拱和彩画的表现，要力求在整体色调的基础上，表现其转折和丰富的色彩（见图 2-17）。

（3）现代建筑

画现代建筑应与周围自然环境融为一体，要与配景在色彩上、节奏上、虚实上都产生一些变化，使其虚实相兼，主次分明。注意现代建筑的透视关系，设

图 2-14　水彩画树步骤

图 2-15　水面　　　　　　　　　　　　　　　　　张然彧

法改变其单调呆板，保持现代建筑那种明净高高耸立的风采，要根据现代建筑的特点，采用俯视或仰视的视角，以寻求不同空间的形体、色彩、虚实变化，展示其自身的美感（见图2-18）。还要特别注意地面上人物、车辆、花草的表现，使其增强画面气氛。

图 2-16　建筑居民　　　　　　　戴　杰

图 2-17　古代建筑　　　　　　　杨子春

图 2-18　现代建筑　　　　　　　叶昌华

（四）取景与构图

1. 水粉场景写生的取景构图特点

一般来说水粉画的表现力要比水彩强，取景的范围较宽泛，它既可以用厚画法一遍遍加上去，也可以像水彩一样加水湿画，干后再提亮色，所以水粉画的构图较自由。由于水粉画的表现力较强，所以在色彩上可以选择更有表现力的构图，如对比色并置的构图，可以有较深入的细节刻画的构图等，又由于其可以反复叠加厚画的特点，对有些厚重色彩的主题尤善表达，如岩石、山体、墙体等。

2. 水彩场景写生的取景构图特点

水彩画的着色程序是先浅后深，它可以湿画，也可干画或干湿结合的去画，还可以深色压浅色，尤其在两个明度类似而色相不同的形体重叠在一起时处理轮廓很麻烦，所以水彩画在取景构图上虽有一定的优势，也有其劣势，如逆光的树林用水彩表现就很有优势，可以先浅后深、先远后近、先湿后干，一切都很顺手方便；而顺光时某些复杂轮廓的形体，留起空白就很不方便，对于写生就很困难，也不容易表现出层次丰富的自然效果，而这种光线对于水粉画先深后浅、先暗后亮的顺序反倒是很自然了。

一般说来水彩画的取景构图宜选择色彩对比明确、光影明度也有层次的主体，而过于微妙的色差，形体要求又很高的主体对于写生就不太方便，尤其对于初学者，表现技巧不熟练的情况下要选择光影、色彩和明度较明确的主体为宜，一般以远景、中景或近景中对比明确或黑白关系肯定的构图为宜，有时，景物的关系本身对比并不强烈，构图时也要通过画面虚实或颜色的区别将关系拉开，比如一条街道的构图，建筑本身是连续的，但在处理色彩或虚实时要分成近、中、远这样三个大的阶段，而且颜色或黑白也要尽量形成对比，自近向远形成亮——暗——亮这样的对比关系，又由于水彩流畅自由的特点，对某些无定形的主体也很有表现力，如云、水、草丛等。

二、在场景写生中应注意的几点

（1）要整体地观察和研究自然景象的色彩关系，抓准总的色彩调子，表现具体时间、地点和色彩气氛。

（2）对景物的表现要力求概括，天、地、物，远、中、近，黑、白、灰的大关系要表现出来。比较景物之间的层次对比关系和色彩的冷暖变化，要懂得抓大关系，也懂得舍弃琐碎的色彩变化。

（3）要尽量画得快一些。因为光线和环境气氛的变化很快，上午和下午是不相同的，一般不要超过半天就应画完。如果画幅较大或是所要表现的内容较多，可以等到第二天同一段时间继续描绘。

（4）作画时注意水分和笔触的运用。要保持画面的润泽效果，应充分利用水分，在室外风吹日晒的条件下尤其重要，除调色时适当用水之外，可以在作画过程中，及时用小喷雾器喷湿过于干燥的画面。应尽力练习使用较大的画笔，着色时力求果断、准确，不要追求面面俱到。

（5）平时可以多画一些小幅风景速写（如32开或更小些也可以），画时不必拘泥于形的精确而重点解决色彩的大效果，在较短的时间内捕捉瞬间的光色变化，这样的风景速写，一般可以在十几分钟至半个小时之内完成。

三、水粉场景写生的着色步骤

1. 起稿打轮廓

用铅笔或单色直接起稿，依照地平线、视平线，勾出天、地和各形体的位置，对景物要有所取舍（见图2-19，图2-20）。

图2-19 起稿打轮廓（一） 雒薇嘉

2. 铺大体色

用清水笔将天空刷湿，然后用大笔从天空画起，再过渡到画远景，使天空和远景自然衔接，再画中景、近景。以上是由远到近地铺出大体色彩关系。然后要

图 2-20　起稿打轮廓（二）　　　　　　雒薇嘉

用较薄的颜色画出天、地、物的空间、明暗、冷暖、虚实的色彩对比关系。要注意为了表现景物的空间层次，远景要画一片，中景要画面，近景要画体块（见图 2-21）。

图 2-21　铺大体色　　　　　　　　　　雒薇嘉

3. 深入刻画

在画面整体关系的基础上，刻画主要物体的形体结构特征、光感、质感，同时还要不断地补充中、远景的色彩，使画面整体色彩调子丰富协调。要注意在笔法运用上，远景要疏、松、虚，而主要形体笔法相对紧、密、实一些（见图 2-22）。

4. 调整完成

从画面总体色调、天地物关系、远中近景层次几方面检查，太过繁复的局部要删减，要概括处理，以保持大的整体关系为前提。如透视和空间关系明显不

足，可在远景加小树、小房子，增加近大远小的透视空间比例关系。画风景和画人物一样，不仅形体结构比例透视要准确，还要求传神。自然景色也是有生命的，要有意境，才能让人感到画面比自然景色更美（见图 2-23）。

图 2-22　深入刻画　　　　　　　　　　雒薇嘉

图 2-23　调整完成　　　　　　　　　　雒薇嘉

四、水彩场景写生的技法和着色步骤

（一）基本技法

水彩画由于颜料的透明及水分的运用，产生了明快、清新、酣畅、淋漓的生动效果，是其他画种无法替代的，因此，着色遍数不宜过多，不能反复涂改，应保持明快、简洁和轻松自然的特点。但是，初习水彩画者如过早强调、追求上述特点，容易使画面单薄空洞，应以充分表现对象出发，待逐步熟

练后特点会随之出现。水彩画的技法，概括来讲，即如何在亮色上加暗色，如何在暗色中空亮色。水分、时间、纸性的掌握运用是水彩技法的难点，往往掌握不好、运用不当而达不到预期的效果。如何达到熟练程度，并无捷径可走，只有实践、实践、再实践。

1. 干画法和湿画法

所谓干画法，并非是用水很少的一种画法，是指在底色或周围色干了之后再着第二次颜色，基本上是一种层涂的多层画法，每一遍色仍要水分饱满。此法表现物体形体肯定，色彩层次清晰，体面转折明确，可以比较从容地用色彩表现对象，适合初学者掌握。在一层层着色时，要考虑到透出底色的混合色彩效果。有时，为了调整色彩使用"罩色"的办法，大面积罩色要薄而鲜明，把不同颜色用罩色统一起来。纸纹较粗而运笔较快时，会出现飞白，称为"枯笔"，属于干画法的一种。表现水面闪光、树的枝梢等要运用枯笔，效果会生动而自然。

湿画法是趁底色或邻近颜色未干时再次着色，颜色互相渗化。这种画法对于水分、时间及空气干湿度的掌握要求比较严格，着色时要胸有成竹，一环扣一环，一气呵成。表现转折柔和、虚远的部分、若隐若现的效果，多采用湿画法。

水彩画大多是干湿画法结合运用，根据所表现的内容、气氛、质感及空间的不同而灵活掌握。以湿画法为主的画面局部采用干画法，以干画法为主时也有湿画法的部分。以湿画法表现雨景、雾景的水分感，是其他画种所不及的。

2. 水分与用笔

掌握水分是水彩画技法的关键之一。水分运用适当，画面效果就生动自然。水分过多会使画面水流乱杂，失去形体或关系模糊；水分过少则色彩衔接生硬使画面效果干涩。运用水分的多少，要根据表现对象的不同和空气干湿不同而定。一般大面积的形体模糊的天空、地面、远景等用水要多；空气干燥、水分蒸发快的天气用水要多；面积小而精细，体面关系清楚及空气湿润的情况下，用水可少。大面积涂色时水分运用要均匀，如忽多忽少，会使水分向少的方向流去，利用这一现象也会造成特殊效果，但总应使水分受自己控制，使其为画面效果服务。改变画板的倾斜度，使水分按要求流动，是为达到特定效果所需要的。趁湿重叠着色要考虑时间关系，过早或过晚加色都难以达到目的，一般在底色七、八成干时加色，才能保证所画形体出现自然韵味。初学时多做一些掌握水分的练习，掌握住纸性、水分与时间的关系，逐步运用自如。

用笔问题是每一个画种所不能忽略的。用笔着色留有笔痕，对于一幅画的艺术效果有一定作用。不讲究用笔，只是蹭磨出来的画面，是缺乏表现力的（平涂渲染则另当别论）。国画的用笔就非常讲究，皴、擦、点、勾、轻重、疾徐、渴润、刚柔等等，变化繁多，是很值得吸取的。用笔要根据对象的形体结构，笔、色、形要有机结合。但是，单纯玩弄笔触，华而不实是不可取的。

3. 留空与洗刷

水彩画中高光和明亮部分是靠"留空"的方法来表现的，它不同于水粉和油画的加白色提亮。画水彩时，哪些地方该空白，哪些浅色该留出，应考虑周到，空得准确恰当而生动，但不能随意乱空，以免造成花乱琐碎。着色时笔在涂色，眼要顾及所空部分的形与结构，一般一次空出为好，空得遍数多会显得刻板。空色时具体方法不一，有干底空法，有湿底空法，有时先空白后添亮色，有时先画亮色然后涂重色空出，可根据情况灵活掌握。

"洗刷"既是一种修改画面的方法，也是水彩画的表现方法之一。水彩画错误的部分不能用白粉覆盖修改，要洗淡或洗掉再画。表现柔和的高光、反光、云彩，要在底色未干时挤去笔上的水分将其吸出来，需加色时再罩颜色。着色干后需要洗出的部分，先用清水润湿，以比较硬的毛笔来回洗刷，然后轻轻吸去洗出来的浮色即可。

（二）常用的特殊技法

水彩画的主要技法是干、湿画法，也有许多特殊技法，如干刮与湿刮、撒盐法、涂蜡法、蘸油法、浸纸法、皱纸法、喷渍法、桨彩法、对印法……除非特殊需要，最好不要过多地用特殊技法作画，下面介绍几种主要的特殊技法。

1. 干刮与湿刮

干刮：在铺好并干透的相关色调部位，用刀尖将草丛或树枝刮出（见图2-24）。

图2-24 用干刮法表现树枝 戴 杰

湿刮：在铺好的相关色调部位，趁湿用笔杆将草丛或树枝刮出，颜色流渗到笔杆触纸之处，便形成了深色笔痕所表现的形。

2. 撒盐法

在画面的色未干时撒上食盐，干后会出现一些边缘不整齐的白点，底色的干湿程度不同，白点大小也不同。用这种方法作画，纸的表面纹理不宜太粗（见图2-25）。

3. 涂蜡法

若画面需要留白的面积太小，着色时留起来较困难，可以在需要留白的地方，可用白蜡或蜡笔先画，然后再着色，涂了蜡的地方色就上不去。

4. 蘸油法

即在着色时，趁湿用毛笔蘸一些松节油，由于水、油、色混合会产生一种斑斓的效果。

图2-25 用撒盐法表现雪景 张然彧

5. 浸纸法

作画之前，将画纸全部浸入水中，湿透后在上面作画，可取得朦胧的效果。

6. 皱纸法

将画纸揉皱后，铺平再画，会出现一些纹理的效果。

7. 喷渍法

此画法是在底色将干未干时，用喷壶浇洒，将画面平放，待画面干后，可出现雪花般的小白点。它适合表现雨景、风雪弥漫的效果。

（三）水彩场景写生的着色步骤

1. 起稿打轮廓

用HB铅笔将形体轻画于纸上，用笔要简练概括，以便着色时不使铅笔沫污浊颜色，保持水彩画面透明、清新的效果（见图2-26）。

图2-26 步骤一 张 敏

2. 铺大体色

由远及近的铺大体色，作画程序是从大色块入手，先浅后深，先湿后干。干湿画法的运用是远湿近干，暗湿亮干，虚湿实干。在干湿、虚实画法的运用上，也要做到心中有数，需趁湿加色的即刻加色，需留空的部分留心空好。用笔、色要肯定、准确，涂色不宜多遍，防止精彩的画面效果被涂改掉（见图2-27）。

图 2-27　步骤二　　　　　　　　　　　张　敏

3. 深入刻画

从主体物画起，对画面中形体的色彩关系进行深入丰富的刻画和表现，对有些颜色已干的地方需用清水浸湿底色再画，以保持画面色彩湿接的韵味；对铺大体色时已到位的色彩关系，尽量避免反复修改，以保持第一遍笔触的生动效果（见图2-28）。

4. 调整完成

要求恢复对场景的最初印象和鲜明感受，对画面进行整体调整和艺术处理。将一些次要的细节削弱、改虚，以突出画面主体的表现；把分散的细部进行概

图 2-28　步骤三　　　　　　　　　　　张　敏

括，把重点部分进行最后的肯定和加强，特别是主体建筑的形体结构特征的表现；把"跳"的颜色、影响空间感及其整体色调的颜色进行修改或舍弃；对有些灰脏的局部可用饱和的颜色提一下。总之，通过对画面进行综合地艺术处理，使之更为深入、生动，更具艺术感染力。

还有一种方法，事先对对象仔细分析，采用基本一次完成的着色方法，考虑水分的掌握，从重点部位着手逐个完成，而后稍加调整统一即告结束。此种方法需具备一定的实践经验才能掌握。

本节重点内容提示

（1）水粉场景写生的着色步骤

（2）水彩场景写生的着色步骤

作业

（1）用水粉完成场景写生练习6～8幅。

（2）用水粉完成场景写生练习3～4幅。

第四节 作品范例（色彩部分）

图 2—29 花 　　　　　　　　陈明启

图 2—30 静物 　　　　　　　　崔小栓

图 2—31　彩陶罐　　　　　　　　　　齐　畅

图 2—32　带插花的静物　　　　　　　陈景函

图 2—33　木匠用具　　　　　　　　　　　　　　　　　　陈景函

图 2—34 铜火锅   高慧玉

图 2—35 火锅与水果   刘梦丽

图 2-36　厨具与蔬菜　　　　　　　　　　　　　　　　　　　　　　　　　许颖超

图 2-37　瓷器与水果　　　　　　　　　　　　　　　　　　　　　　　　　蒋年红

图 2—38　静物组合　　　　　　　　　　　　　　　　葛欣桐

图 2—39　有几何体的静物　　　　　　　　　　　　　　敦　科

图 2—40　瓷器与水果　　　　　　　　　　　　　　　　　　　　张　彬

图 2—41　火锅与蔬菜　　　　　　　　　　　　　　　　　　　　李　术

图 2—42　花　　　　　　　　　　　　　　　　　　　　张　敏

图 2—43　山间小路　　　　　　　　　　　　　　　　　王秘森

图 2-44 丰收 刘学智

图 2-45 渔村 刘学智

图 2-46　礁石　　　　　　　　　　　　　　　　　　　　　　　　刘学智

图 2-47　岸边的礁石　　　　　　　　　　　　　　　　　　　　　刘学智

图 2—48　跃动的海水　　　　　　　　　　　　　刘学智

图 2—49　水乡　　　　　　　　　　　　　　　　刘学智

图 2-50 民居 张然彧

图 2-51 小山村 戴 杰

图 2-52 乡村写生   刘云飞

图 2-53 山村风景   戴 杰

图 2-54　小木屋　　　　　　　　　　　　　　　　　　　雒薇嘉

图 2-55　村边的小路　　　　　　　　　　　　　　　　　张　钧

图 2-56　村庄　　　　　　　　　　　　　　　　　　　　　　　　　　刘云飞

图 2-57　银装素裹　　　　　　　　　　　　　　　　　　　　　　　　张然彧

图 2-58　雪景　　　　　　　　　　　　　　　　　　武立君

参 考 文 献

［1］田敬，韩凤元.设计素描.石家庄:河北美术出版社，2002.

［2］杜海滨，孙兵.设计素描.沈阳:辽宁美术出版社，1998.

［3］姜桦，周家柱.速写.西安:陕西人民美术出版社，2002.

［4］宫六朝.水粉静物写生研究.石家庄:河北美术出版社，1994.

［5］杨天佑.水粉画 水彩画.北京:人民美术出版社，1990.